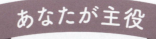

演じる
入門中国語

あなたが主役

余瀾　中桐典子

朝日出版社

音声ダウンロード

 音声再生アプリ「リスニング・トレーナー」登場（無料）

朝日出版社開発のアプリ、「リスニング・トレーナー（リストレ）」を使えば、教科書の音声をスマホ、タブレットに簡単にダウンロードできます。どうぞご活用ください。

まずは「リストレ」アプリをダウンロード

▶ App Store はこちら　　　▶ Google Play はこちら

アプリ【リスニング・トレーナー】の使い方

❶ アプリを開き、「コンテンツを追加」をタップ
❷ QRコードをカメラで読み込む

❸ QRコードが読み取れない場合は、画面上部に 45317 を入力し「Done」をタップします

QRコードは㈱デンソーウェーブの登録商標です

Webストリーミング音声

http://text.asahipress.com/free/ch/enjiru

◆本テキストの音声は、上記のアプリ、ストリーミングでのご提供となります。
　本テキストにCD、MP3は付きません。

◆音声吹込　毛興華　王英輝

はじめに

　最近、中国の映画やドラマ、CM などで日本の俳優を目にする機会が増えてきました。彼らの中には、役をもらってから中国語の勉強を始めたという者も少なくないようですが、流暢な中国語を駆使して、役になりきっている姿には思わず脱帽してしまいます。このテキストは、学習者に俳優がセリフを覚えるように、中国語を覚えてほしいと思い、編みました。対話形式の本文は全て日常生活でよく使う実用的な内容です。これらを何回も何回も練習して覚えてしまいましょう。そして、身振りを付け、感情を込めて、役になりきって下さい。

　このテキストは週1コマの授業で、毎回1課ずつ学習することを想定しています。中国語を始めて学ぶ人にも、また、2年めに会話の更なるレベルアップを図りたい人にも充分に活用していただけると思います。構成は、次の通りです。

【発音編】…発音の基礎となるピンインを中心に学びます。
【本編】①対話文…さまざまな場面における「私」と相手による会話文です。
　　　　②新出単語…中国語検定試験も念頭に置いて、厳選しました。
　　　　③文法説明…対話文に出てくる文法項目を簡単に説明してあります。
　　　　④話してみよう…置き換え練習を通し、音声から文法を覚えます。
　　　　⑤練習A…聴き取り、ピンインから簡体字への変換、日文中訳などにより、学習
　　　　　　　　内容の復習、確認をします。
【付録】練習B…時間に余裕がある時のための補充問題です。また、隔年の授業で「練習
　　　　　　　A」と交互に使用することもできます。
【単語一覧表】…発音編、本編で扱った全ての単語の索引です。

　このテキストには『リスニング強化　演じる入門中国語』という姉妹編があります。こちらは大量の聞き取り練習を行うことにより、リスニング力を高めることを目指しています。『あなたが主役』では口を使ってスピーキング力をアップさせ、姉妹編『リスニング強化』では耳を使ってリスニング力を向上させてください。2冊を併行して学習することにより、総合的な中国語力が身に付き、基本的な文法も自然に習得できるはずです。

　頑張って下さい！　加油（Jiāyóu）！

著者

目 次

- 4　　歌①　十人のインディアン
- 6　　発音

第 一 幕

- 12　　歌②　桃太郎
- 14　　第 1 課
  - ◆年月日のいい方　◆曜日のいい方
- 18　　第 2 課
  - ◆人称代名詞　◆A "的" B
- 22　　第 3 課
  - ◆時刻のいい方　◆変化を表す "了"
- 26　　第 4 課
  - ◆値段のいい方　◆動詞述語文　◆～"吗"?　◆数詞＋量詞＋名詞
- 30　　第 5 課
  - ◆A "是" B。　◆電話番号のいい方　◆動詞＋"一下"
- 34　　第 6 課
  - ◆指示代名詞　◆疑問詞 "什么"

第 二 幕

- 38　　歌③　Happy birthday to you
- 40　　第 7 課
  - ◆～"还是"…?　◆連動文　◆前置詞 "在"
- 44　　第 8 課
  - ◆"喜欢"＋～　◆指示代名詞＋量詞＋(名詞)　◆動詞の重ね型
- 48　　第 9 課
  - ◆形容詞述語文　◆感嘆文 "好"＋形容詞＋"啊！"　◆前置詞 "给"
- 52　　第 10 課
  - ◆比較文　◆副詞 "也"　◆"一点儿"＋"也"＋否定形
- 56　　第 11 課
  - ◆省略疑問文　～"呢"?　◆語気助詞　～"吧"。　◆"来"＋数量＋(モノ)
- 60　　第 12 課
  - ◆"逗号"(,) と "顿号"(、)　◆語気助詞　～"嘛"。　◆主述述語文

第三幕

- 64 　歌④　きらきら星
- 66 　第13課
  - ◆助動詞"想"　◆「存在」を表す"有"
- 70 　第14課
  - ◆「存在」を表す"在"　◆「存在」を表す"有"と"在"の違い
- 74 　第15課
  - ◆「所有」を表す"有"　◆疑問詞"怎么样"
- 78 　第16課
  - ◆疑問詞"怎么"　◆"好"+動詞
- 82 　第17課
  - ◆進行を表すいい方　◆禁止を表すいい方"別"+動詞
- 86 　第18課
  - ◆疑問詞"为什么"　◆結果補語

第四幕

- 90 　歌⑤　Jingle bells
- 92 　第19課
  - ◆完了を表すいい方　◆前置詞"离"
- 96 　第20課
  - ◆経験を表すいい方　◆"一点儿"と"有点儿"
- 100 　第21課
  - ◆方向補語　◆使役を表すいい方
- 104 　第22課
  - ◆名詞を修飾するいい方　◆助動詞"会"
- 108 　第23課
  - ◆様態補語
- 112 　第24課
  - ◆助動詞"能"　◆時量補語　◆動詞"打算"

- 117 　付録［練習B］
- 141 　索引

知っている歌を
中国語で
歌いましょう

1

♪ 十人のインディアン ♪

Shí ge Yìndì'ān rén
十个印第安人

Yí ge liǎng ge sān ge Yìndì'ān,
一个两个三个印第安，

sì ge wǔ ge liù ge Yìndì'ān,
四个五个六个印第安，

qī ge bā ge jiǔ ge Yìndì'ān,
七个八个九个印第安，

shí ge xiǎoxiǎo Yìndì'ān rén.
十个小小印第安人。

中国語の
舞台げいこの始まりです。

─── 発音。
少々難しいですが
お芝居を成功させるために
一生懸命に
先生のまねをしましょう…

発　音

- 皆さんが学習するのは"普通话 pǔtōnghuà"と呼ばれる中華人民共和国の公用語です。
- 発音にはピンインと呼ばれる表記法が用いられています。ピンインは母音、子音、声調の3つの部分から成っています。
- ここでは、まずピンインの学習から始めます。そのほかの発音ルールとも併せて、中国語の発音の基礎を学びましょう！

1　声調

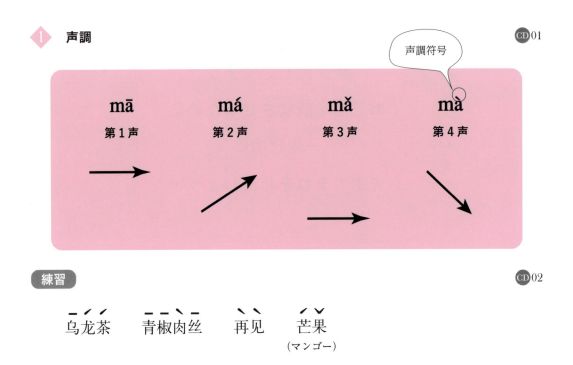

声調符号

| mā | má | mǎ | mà |
| 第1声 | 第2声 | 第3声 | 第4声 |

練習

乌龙茶　　青椒肉丝　　再见　　芒果
　　　　　　　　　　　　　　　（マンゴー）

❤ よく使うスタンプ ❤

加油
jiāyóu
（頑張れ！）

开心
kāixīn
（嬉しい！）

2 軽声

◇前の音節に続けて、軽く発音する。
◇声調符号は付けない。

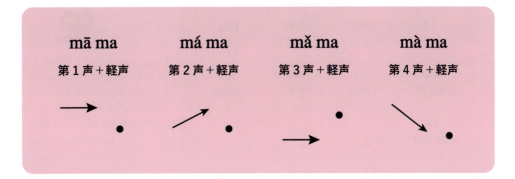

練習

　ˉ・　　 ヽ・　　 ˇ・　　 ˊ ヽ・
妈妈　　谢谢　　饺子　　麻婆豆腐
(お母さん)

3 単母音

a	o	e	i	u	ü	er
			(yi)	(wu)	(yu)	

◇（　）の中は母音の前に子音がこない時のつづり。

φ + i ⇒ yi
φ + u ⇒ wu
φ + ü ⇒ yu

練習

yī　　wǔ　　yú　　è
一　　五　　鱼　　饿
　　　　　　　　(空腹である)

讨厌
tǎoyàn
(いやなやつ！)

友だちが上手に発音できたら、赞！

赞
zàn
(いいね！)

❹ 複母音

ai	ei	ao	ou
ia (ya)	ie (ye)	iao (yao)	iou* (you)
ua (wa)	uo (wo)	uai (wai)	uei* (wei)
üe (yue)			

iou，uei の前に子音が来るとき、真ん中の o や e が iou, uei のように弱く発音されるため、つづりから o や e が消える。
　　j + iou ⇒ jiu（× jiou）
　　d + uei ⇒ dui（× duei）

◇（　）の中は母音の前に子音がこない時のつづり。

φ + iao ⇒ yao
φ + uo ⇒ wo
φ + üe ⇒ yue

練習

wǒ	yào	ài	yéye
我	药	爱	爷爷
(私)	(薬)	(愛する)	(おじいさん)

❺ 子音

	無気音	有気音		
唇音	b (o)	p (o)	m (o)	f (o)
舌尖音	d (e)	t (e)	n (e)	l (e)
舌根音	g (e)	k (e)	h (e)	
舌面音	j (i)	q (i)	x (i)	
そり舌音	zh (i)	ch (i)	sh (i)	r (i)
舌歯音	z (i)	c (i)	s (i)	

◇子音だけで発音練習するのが難しいので、習慣的に（　）の母音をつけて練習する。

子音 j、q、x と母音 ü が結びついた時、ウムラウト（ü の上の点々）を取って表記する。
　　j + ü ⇒ ju （× jü）
　　q + üe ⇒ que （× qüe）
　　x + üan ⇒ xuan （× xüan）
※ üan は鼻母音のところで学習する。

> 音節を発音する時は、子音と母音を合体させ、それに声調を乗せます。
>
> 例えば、
>
> sh + ou ⇨ shou + mǎ ⇨ shǒu

練習 CD 11

"sh" と "ou" を合体させ それに第3声を乗せて練習しましょう。

shǒujī	niúnǎi	xuéxiào	qù yóujú
手机	牛奶	学校	去 邮局
（携帯電話）	（牛乳）	（学校）	（郵便局に行く）

6 鼻母音 CD 12

an	ang	en	eng
in (yin)	ing (ying)	ian (yan)	iang (yang)
uan (wan)	uang (wang)	uen* (wen)	ueng (weng)
ong	iong (yong)	üan (yuan)	ün (yun)

uen の前に子音が来るとき、真ん中の e が u^{e}n のように弱く発音されるため、つづりから e が消える。

d + uen ⇒ dun （× duen）

◇（ ）の中は母音の前に子音がこない時のつづり。

φ + ian ⇨ yan
φ + uen ⇨ wen
φ + üan ⇨ yuan

練習 CD 13

Yīngyǔ	chōuyān	Chángchéng	Wǒmen shì Rìběnrén.
英语	抽烟	长城	我们 是 日本人。
（英語）	（タバコを吸う）	（万里の長城）	（私たちは日本人です。）

声調符号の付け方
　①a があれば、a の上につける。　　　　　　　hǎo
　②a がなければ、e か o の上につける。　　　bēi　cuò
　③i と u が並んでいたら、後ろの方につける。 jiǔ　duì
　　※i の上につける時は上の点を取る。　　　　mǐ

7　声調の変化

1）第3声の変調　　　　　　　　　　　　　　　　　　　　　　　CD 14

第3声＋第3声　⇒　第2声＋第3声

Nǐ　hǎo!
你　好!　　　●声調符号はそのまま。

2）"bù 不" の変調　　　　　　　　　　　　　　　　　　　　　CD 15

bù chī　　　　bù lái　　　　bù mǎi
不 吃　　　　不 来　　　　不 买
（食べない）　（来ない）　（買わない）

bù ＋第4声　⇒　bú ＋第4声

bú qù
不 去　　　●声調符号も変える。
（行かない）

3）"yī 一" の変調　　　　　　　　　　　　　　　　　　　　　CD 16

yī ＋第1, 2, 3声　⇒　yì ＋第1, 2, 3声

yì bēi kāfēi　　　yì píng kělè　　　yì wǎn mǐfàn　●声調符号も変える。
一 杯 咖啡　　　一 瓶 可乐　　　一 碗 米饭
（1杯のコーヒー）（1本のコーラ）　（1膳のご飯）

yī ＋第4声　⇒　yí ＋第4声

yí jiàn máoyī
一 件 毛衣　　　●声調符号も変える。
（1枚のセーター）

8　儿化　　　　　　　　　　　　　　　　　　　　　　　　　　CD 17

音節の最後に舌をそり上げる。

huàr　　wánr
画儿　　玩儿
（絵）　（遊ぶ）

9　隔音符号　　　　　　　　　　　　　　　　　　　　　　　　CD 18

2番め以降の音節がa, o, eではじまる場合、前の音節との間に隔音符号［'］を付けて区切りをはっきりさせる。

liàn'ài　　lián'ǒu　　nǚ'ér
恋爱　　　莲藕　　　女儿
（恋愛）　（レンコン）　（娘）

说说练练
shuōshuo liànlian
（話してみよう）

1. Dàjiā hǎo.
   大家 好。　　　　　　　みなさん、こんにちは。

   Nǐ hǎo.
   你 好。　　　　　　　　こんにちは。

2. Nǐ jiào shénme míngzi?
   你 叫 什么 名字？　　　お名前は？

   Wǒ jiào Língmù Tàiláng.
   我 叫 铃木 太郎。　　　鈴木太郎と申します。

3. Qǐng duō guānzhào.
   请 多 关照。　　　　　　どうぞよろしくお願いします。

4. Duìbuqǐ.
   对不起。　　　　　　　　ごめんなさい。

   Méi guānxi.
   没 关系。　　　　　　　　構いません。

5. Xièxie.
   谢谢。　　　　　　　　　ありがとう。

   Bú kèqi.
   不 客气。　　　　　　　どういたしまして。

6. Zàijiàn.
   再见。　　　　　　　　　さようなら。

7. Xīnkǔ le.
   辛苦 了。　　　　　　　おつかれさまでした。

知っている歌を
中国語で
歌いましょう

2

♪ 桃太郎 ♪

Táotàiláng
桃太郎

Táotàiláng, Táotàiláng,
桃太郎，桃太郎，

nǐ yāoli zhuāngzhe de huángmǐ niángāo,
你腰里装着的黄米年糕，

gěi wǒ yí ge chángyichang.
给我一个尝一尝。

（中国語歌詞：余瀾）

第1幕

数字を使う場面がメイン。
ちょっとつまらないかも
しれませんが
仕方がないですね。
だって、はじめて舞台に立つのだもの。
簡単なことからやらないと…

第 1 课
Dì yī kè

🍃 ここは中国の幼稚園。先生がカレンダーを指さしながら、
日付と曜日のいい方を教えています。さあ、「私」は園児の役です！

老师： 小朋友， 今天 几 月 几 号？
lǎoshī Xiǎopéngyou, jīntiān jǐ yuè jǐ hào?

我： 今天 四月 二十五 号。
wǒ Jīntiān sìyuè èrshiwǔ hào.

老师： 今天 星期 几？
lǎoshī Jīntiān xīngqī jǐ?

我： 今天 星期三。
wǒ Jīntiān xīngqīsān.

先生：みんな、今日は何月何日かな？
私：今日は4月25日です。
先生：今日は何曜日？
私：今日は水曜日です。

💗 いろいろな祝日 💗

圣诞节
Shèngdànjié
(クリスマス)
12月25号

元旦
Yuándàn
(元旦)
1月1号

生词 shēngcí （新出単語）

- ☑ 老师　　　lǎoshī　　　　名 先生
- ☑ 小朋友　　xiǎopéngyou　名 （呼びかけに用いる）坊や、お嬢ちゃん
- ☑ 今天　　　jīntiān　　　　名 今日
- ☑ 几　　　　jǐ　　　　　　疑 （数を尋ねる）いくつ
- ☑ 月　　　　yuè　　　　　 名 月
- ☑ 号　　　　hào　　　　　 名 日
- ☑ 我　　　　wǒ　　　　　 代 私
- ☑ 星期　　　xīngqī　　　　名 曜日
- ☑ 年　　　　nián　　　　　名 年

（数字）	一	二	三	四	五	六	七	八	九	十	九十九	一百	一千	一万
	yī	èr	sān	sì	wǔ	liù	qī	bā	jiǔ	shí	jiǔshíjiǔ	yìbǎi	yìqiān	yíwàn

语法说明 yǔfǎ shuōmíng （文法説明）

年・月・日のいい方

１９６５年　　　　２０１９年　　　五月　一　号
yī jiǔ liù wǔ nián　èr líng yī jiǔ nián　wǔyuè　yī　hào

今天　几　月　几　号?　　——　　今天　二月　十五　号。
Jīntiān jǐ yuè jǐ hào?　　　　　Jīntiān èryuè shíwǔ hào.

曜日のいい方

星期一　　星期二　　星期三　　星期四　　星期五　　星期六　　星期天（星期日）
xīngqīyī　xīngqī'èr　xīngqīsān　xīngqīsì　xīngqīwǔ　xīngqīliù　xīngqītiān　xīngqīrì

今天　星期　几?　　——　　今天　星期五。
Jīntiān xīngqī jǐ?　　　　　Jīntiān xīngqīwǔ.

情人节
qíngrénjié
（バレンタインデー）
２月14号

春节
Chūnjié
（春節）
（旧暦）一月一号

西暦の何月何日になるかは年によって異なるよ。

说说练练
shuōshuo liànlian
（話してみよう）

① カレンダーを指さしながら、二人で練習しましょう。 🅲🅳 25

① 今天 几 月 几 号?　　　今天（　　）月（　　）号。
　Jīntiān jǐ yuè jǐ hào?　　Jīntiān　　yuè　　hào.

　明天　　　　　　　　　　明天
　míngtiān　　　　　　　　míngtiān

　昨天　　　　　　　　　　昨天
　zuótiān　　　　　　　　 zuótiān

② 今天 星期 几?　　　今天 星期（　　）。
　Jīntiān xīngqī jǐ?　　Jīntiān xīngqī

　明天　　　　　　　　　　明天
　míngtiān　　　　　　　　míngtiān

　昨天　　　　　　　　　　昨天
　zuótiān　　　　　　　　 zuótiān

| 明天 | míngtiān | 名 | 明日 |
| 昨天 | zuótiān | 名 | 昨日 |

② ビンゴゲームをやりましょう！（その前に、もう一度、数字の復習をして下さい。）

＊まず、次の表の空欄に１～25までの数字をランダムに書き込んでください。

＊先生が読んだ数字に、○を付けてください。

＊５つの○が一列に並んだら「苹果 píngguǒ」！（縦・横・斜め、いずれもＯＫ）

"苹果" は「りんご」の意味ですが、「ビンゴ」と発音が似ているので、ゲームではこう言います。

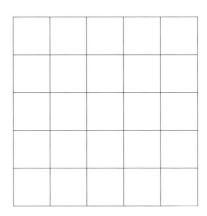

③ 自分の生まれた年・月・日を算用数字で書いて、読んでみましょう。

（　　　　）年（　　　　）月（　　　　）号
　　　nián　　　　　 yuè　　　　　　 hào

练习 A liànxí

1 听写 （音声を聞き、漢字を書き取りましょう。） CD 26
tīngxiě

① _____　② _____　③ _____

④ _____　⑤ _____　⑥ _____

2 填空 （音声を聞き、空欄を埋めましょう。） CD 27
tiánkòng

① A：_____，明天_____？

　B：明天_____。

② A：_____几月几号？

　B：_____。

3 看 拼音 写 汉字、中 译 日 （ピンインを漢字に直し、日本語に訳しましょう。）
　kàn pīnyīn xiě Hànzì　Zhōng yì Rì

① Jīntiān jǐ yuè jǐ hào?

　漢字_____　意味（　　　　　　　　　　）

② Zuótiān xīngqītiān.

　漢字_____　意味（　　　　　　　　　　）

第 2 课
Dì èr kè

中国人観光客相手のみやげもの屋さんで学生アルバイトの面接を行っています。
「私」は面接官です。

我：你 的 生日 几 月 几 号？
wǒ　Nǐ　de　shēngrì　jǐ　yuè　jǐ　hào?

学生：嗯……八月 十五 号。
xuésheng　Ńg......　Bāyuè　shíwǔ　hào.

我：你 多 大 了？
wǒ　Nǐ　duō　dà　le?

学生：我 十八 岁。
xuésheng　Wǒ　shíbā　suì.

私：お誕生日は何月何日ですか？
学生：えっと～、8月15日です。
私：お年は？
学生：18歳です。

❤ わたしの大切なもの ❤

手机
shǒujī
（携帯電話）

电脑
diànnǎo
（パソコン）

生词 shēngcí （新出単語）

☑ 你	nǐ	代 あなた		☑ 岁	suì	量 歳
☑ 的	de	助 ～の		☑ 爸爸	bàba	名 お父さん
☑ 生日	shēngrì	名 誕生日		☑ 工作	gōngzuò	名 仕事
☑ 学生	xuésheng	名 学生		☑ 学校	xuéxiào	名 学校
☑ 嗯	ńg	感 ええと（考えながら話す時に用いる）		☑ 朋友	péngyou	名 友達
				☑ 妈妈	māma	名 お母さん
☑ 多大	duō dà	何歳ですか		☑ 大学	dàxué	名 大学
☑ 了	le	助 ～になった、～になる		☑ 公司	gōngsī	名 会社

语法说明 yǔfǎ shuōmíng （文法説明）

1 人称代名詞

	一人称	二人称	三人称			疑問詞
単数	我 wǒ	你 nǐ　您 nín	他 tā	她 tā	它 tā	谁 shéi
複数	我们　咱们 wǒmen　zánmen	你们 nǐmen	他们 tāmen	她们 tāmen	它们 tāmen	

＊ "您" は "你" の敬称。また、"您们" といういい方はない。
＊ "咱们" は聞き手を含んだ「私たち」の意味である。

2　A "的"（B）　——　「Aの（B）」

我　的　手机　　爸爸　的　工作
wǒ　de　shǒujī　　bàba　de　gōngzuò

（省略）① 他们 的　　学校 的　　我 的
　　　　 tāmen de　　xuéxiào de　　wǒ de

＊ "的" の後ろの名詞は省略できる。

② 我 朋友　　我 妈妈　　我们 大学　　他们 公司
　 wǒ péngyou　 wǒ māma　 wǒmen dàxué　 tāmen gōngsī

＊ 人称代名詞＋"的" の後ろに人間関係、所属関係が来るとき、"的" は省略できる。

钱包
qiánbāo
（財布）

月票
yuèpiào
（定期券）

说说练练
shuōshuo liànlian （話してみよう）

① 二人で交互に質問し合いましょう。　CD33

A：你 的 生日 几 月 几 号？　　B：（　　）月（　　）号。
　　Nǐ de shēngrì jǐ yuè jǐ hào?　　　　　 yuè　　　hào.

　　你 爸爸 的
　　nǐ bàba de

　　你 妈妈 的
　　nǐ māma de

② 二人で年齢を尋ね合いましょう。　CD34

A：你 多 大 了？　　B：我（　　）岁。
　　Nǐ duō dà le?　　　 Wǒ　　　suì.

　　你 哥哥　　　　　　他
　　nǐ gēge　　　　　　tā

　　你 姐姐　　　　　　她
　　nǐ jiějie　　　　　　tā

　　你 弟弟
　　nǐ dìdi

　　你 妹妹
　　nǐ mèimei

哥哥	gēge	名 兄
姐姐	jiějie	名 姉
弟弟	dìdi	名 弟
妹妹	mèimei	名 妹

练习 A
liànxí

1 听写（音声を聞き、漢字を書き取りましょう。） CD 35
　tīngxiě

① _____　② _____　③ _____

④ _____　⑤ _____　⑥ _____

2 填空（音声を聞き、質問文を空欄Aに書き、自分の現状に即した答えをB欄に書きましょう。） CD 36
　tiánkòng

A：_____？

B：_____。

A：_____？

B：_____。

3 看 拼音 写 汉字、中 译 日（ピンインを漢字に直し、日本語に訳しましょう。）
　kàn pīnyīn xiě Hànzì、Zhōng yì Rì

① Nǐ gēge duō dà le?

　漢字_____　意味（　　　　　　　　　　　　）

② Wǒ mèimei shí'èr suì.

　漢字_____　意味（　　　　　　　　　　　　）

21

第 3 课
Dì sān kè

🌿 ある日の朝の光景。「私」は大学生の太郎役です。

妈妈: 太郎， 快 起床！
māma Tàiláng, kuài qǐchuáng!

我: 欸？ 现在 几 点 了？
wǒ Éi? Xiànzài jǐ diǎn le?

妈妈: 已经 八 点 半 了。
māma Yǐjīng bā diǎn bàn le.

我: 真 的？ 糟 了， 糟 了。
wǒ Zhēn de? Zāo le, zāo le.

> ママ：太郎、早く起きて！
> 私：え？ 今何時？
> ママ：もう八時半よ。
> 私：まじっ？ ヤバい！

💗 わたしの1日 💗

上课
shàngkè
（授業を受ける）

上班
shàngbān
（出勤する、勤務する）

生词 shēngcí （新出単語）

- ☑ 快　　kuài　　　　副 早く
- ☑ 起床　qǐchuáng　　動 起きる
- ☑ 欸　　éi　　　　　感 えっ？
- ☑ 现在　xiànzài　　　名 今
- ☑ 点　　diǎn　　　　量 （時間の単位）時
- ☑ 已经　yǐjīng　　　副 すでに
- ☑ 半　　bàn　　　　　名 半
- ☑ 真的　zhēn de　　　本当である
- ☑ 糟了　zāo le　　　 しまった
- ☑ 天气　tiānqì　　　名 気候、天気
- ☑ 热　　rè　　　　　形 暑い ⇔ 冷 lěng

语法说明 yǔfǎ shuōmíng （文法説明）

1　時刻のいい方

○時△分 ＝ ○点△分
　　　　　　diǎn fēn

一 点　　两 点　　三 点 ……　十二 点
yì diǎn　liǎng diǎn　sān diǎn　　shí'èr diǎn

五 分　　十五 分（＝一 刻）　三十 分（＝半）　四十五 分（＝三 刻）
wǔ fēn　shíwǔ fēn　　yí kè　　sānshí fēn　　bàn　　sìshíwǔ fēn　　sān kè

现在 几 点（了）？　　现在 十二 点（了）。
Xiànzài jǐ diǎn le?　　Xiànzài shí'èr diǎn le.

2　文末の語気助詞"了" ── 変化を表す。「〜になった／〜になる」

你 多 大 了?　──　十八 岁 了。
Nǐ duō dà le?　　　Shíbā suì le.

天气 热 了。
Tiānqì rè le.

回家
huíjiā
（家に帰る）

吃饭
chīfàn
（ご飯を食べる）

说说练练
shuōshuo liànlian
（話してみよう）

① 今、何時でしょう？時計を見て下に時刻を書きなさい。また、二人で会話してみましょう。 CD42

_____ _____ _____ _____

A：现在 几 点 了？　　　　　B：现在（　　　　　）了。
　　Xiànzài jǐ diǎn le?　　　　　　　Xiànzài　　　　　　le.

② 「〜になった」といういい方を練習しましょう。　CD43

 我 累 了。
Wǒ lèi le.

 我 困 了。
Wǒ kùn le.

 天气 热 了。
Tiānqì rè le.

 天气 冷 了。
Tiānqì lěng le.

③ 「早く〜して！」という、人を急き立てるいい方を練習しましょう。　CD44

快 睡觉！
Kuài shuìjiào!

快 干活！
Kuài gànhuó!

快 来！
Kuài lái!

快 去！
Kuài qù!

烦 死了。
Fán sǐ le.
（うざい！）

睡觉	shuìjiào	動	寝る
干活	gànhuó	動	働く
来	lái	動	来る
去	qù	動	行く

练习 A
liànxí

1 听写（音声を聞き、漢字を書き取りましょう。） CD 45
tīngxiě

① _____ ② _____ ③ _____

④ _____ ⑤ _____ ⑥ _____

2 填空（音声を聞き、空欄を埋めましょう。） CD 46
tiánkòng

A：_____？

B：_____十二点了。

A：我_____。

B：快_____。

3 看 拼音 写 汉字、 中 译 日（ピンインを漢字に直し、日本語に訳しましょう。）
kàn pīnyīn xiě Hànzì　Zhōng yì Rì

① Tiānqì lěng le.

　　漢字_____　意味（　　　　　　　　　　　　　　）

② Yǐjīng bā diǎn bàn le.

　　漢字_____　意味（　　　　　　　　　　　　　　）

4 日 译 中（日本語を中国語に訳しましょう。）
Rì yì Zhōng

① 早く家に帰って！

　　漢字_____

② 私は疲れました。

　　漢字_____

第 4 课
Dì sì kè

🍃 ここは美術館のチケット売り場。
職員の「私」は中国人観光客の対応に忙しくしています。

游客: 一 张 票 多少 钱?
yóukè　Yī zhāng piào duōshao qián?

我: 你 看 特别展 吗?
wǒ　Nǐ kàn tèbiézhǎn ma?

游客: 对。买 两 张。
yóukè　Duì. Mǎi liǎng zhāng.

我: 一共 三千 日元。
wǒ　Yígòng sānqiān rìyuán.

観光客：チケットは一枚いくらですか？
　　私：特別展をご覧になられますか？
観光客：はい。二枚下さい。
　　私：全部で三千円になります。

❤ わたしの好きなこと ❤

买东西
mǎi dōngxi
（買い物をする）

听音乐
tīng yīnyuè
（音楽を聴く）

生词 shēngcí （新出単語） CD 49

- ☑ 游客　yóukè　　　名 観光客
- ☑ 张　zhāng　　　量 枚
- ☑ 票　piào　　　名 チケット
- ☑ 多少钱　duōshao qián　いくらですか
- ☑ 看　kàn　　　動 見る、読む
- ☑ 特别展　tèbiézhǎn　特別展
- ☑ 吗　ma　　　助 〜か
- ☑ 对　duì　　　形 正しい
- ☑ 买　mǎi　　　動 買う
- ☑ 两　liǎng　　　数 2
- ☑ 一共　yígòng　　副 全部で
- ☑ 日元　rìyuán　　名 日本円
- ☑ 块　kuài　　　量 元
- ☑ 展览　zhǎnlǎn　　名 展示、展覧

语法说明 yǔfǎ shuōmíng （文法説明） CD 50

① 値段のいい方

多少　钱？ ── 一千 日元。／一百 块。
Duōshao qián?　　Yìqiān rìyuán.　Yìbǎi kuài.

中国のお金…［人民币　rénmínbì：人民元］

書き言葉	元 yuán	角 jiǎo	分 fēn
話し言葉	块 kuài	毛 máo	分 fēn

② 動詞述語文　　主語＋動詞＋（目的語）

肯定：我 看 展览。　　否定：我 不 看 展览。
　　　Wǒ kàn zhǎnlǎn.　　　　Wǒ bú kàn zhǎnlǎn.

③ 〜"吗"？ ──「〜ですか？」

疑問：你 看 展览 吗？
　　　Nǐ kàn zhǎnlǎn ma?

④ 数詞＋量詞＋名詞 ──「いくつの〜」

一 本 书　　两 个 人　　三 件 毛衣
yì běn shū　liǎng ge rén　sān jiàn máoyī
（1冊の本）　（2人の人）　（3枚のセーター）

> 二…順序
> 两…数量

看电影
kàn diànyǐng
（映画を観る）

逛商店
guàng shāngdiàn
（店をぶらつく）

说说练练
shuōshuo liànlian　（話してみよう）

① 今教室にいる人を声に出して数えましょう。　CD52

一 个 人，两 个 人，三 个 人 …… 一共＿＿＿＿个 人。
Yí ge rén, liǎng ge rén, sān ge rén ...... Yígòng　　　ge rén.

② 動詞述語文の肯定と否定を言ってみましょう。　CD53

　　我 看 比赛。　⇔　我 不 看 比赛。
　　　　　　　　　Wǒ kàn bǐsài.　　　Wǒ bú kàn bǐsài.

　　电视　　　　　　　电视
　　　　　　　　　diànshì　　　　　　diànshì

　　书　　　　　　　　书
　　　　　　　　　shū　　　　　　　　shū

③ 二人で"吗？"の疑問文を練習しましょう。　CD54

　　你 买 便当 吗？　──　买。／不 买。
　　　　　　　　　Nǐ mǎi biàndāng ma?　　Mǎi. Bù mǎi.

　　面包　　　　　　　　　我 饿 了。
　　　　　　　　　miànbāo　　　　　　　　Wǒ è le.
　　　　　　　　　　　　　　　　　　　　（おなかがすいた。）

　　饮料　　　　　　　　　我 渴 了。
　　　　　　　　　yǐnliào　　　　　　　　Wǒ kě le.
　　　　　　　　　　　　　　　　　　　　（のどが渇いた。）

练习 A
liànxí

1 听写 （音声を聞き、漢字を書き取りましょう。） CD 55
　tīngxiě

① _____　② _____　③ _____

④ _____　⑤ _____　⑥ _____

2 填空 （音声を聞き、空欄を埋めましょう。） CD 56
　tiánkòng

① A：一个面包_____？

　　B：_____。

② A：你_____吗？

　　B：_____。

3 看 拼音 写 汉字、 中 译 日 （ピンインを漢字に直し、日本語に訳しましょう。）
　kàn pīnyīn xiě Hànzì　Zhōng yì Rì

① Wǒ bú kàn diànshì.

　漢字_____　意味（　　　　　　　　　　）

② Yígòng sān bǎi kuài.

　漢字_____　意味（　　　　　　　　　　）

4 日 译 中 （日本語を中国語に訳しましょう。）
　Rì yì Zhōng

① あなたは映画を観ますか？

　漢字_____

② 彼女は店をぶらつきません。

　漢字_____

第 5 课
Dì wǔ kè

🍃 携帯電話をなくした「私」は交番に駆け込みました。

CD 57
CD 58

警察：你 的 手机号 是 多少？
jǐngchá Nǐ de shǒujīhào shì duōshao?

我：0 9 0 ……
wǒ Líng jiǔ líng ……

警察：等 一下。（ペンを取り出して）我 记，你 说。
jǐngchá Děng yíxià. Wǒ jì, nǐ shuō.

我：我 的 手机号 是 0 9 0 − 1 2 3 4 − 5 6 7 8。
wǒ Wǒ de shǒujīhào shì líng jiǔ líng yāo èr sān sì wǔ liù qī bā.

> 警官：あなたの携帯の番号はいくつですか？
> 私：090 の…
> 警官：ちょっと待って。書きますから、言って下さい。
> 私：私の携帯の番号は 090-1234-5678 です。

❤ いろいろな職業 ❤

CD 61

公司职员
gōngsī zhíyuán
（会社員）

厨师
chúshī
（コック）

生词　shēngcí　CD59

☑ 警察	jǐngchá	名 警官	☑ 记	jì	動 書き留める
☑ 手机号	shǒujīhào	名 携帯電話の番号	☑ 说	shuō	動 話す、言う
☑ 是	shì	動 ～である	☑ 大学生	dàxuéshēng	名 大学生
☑ 多少	duōshao	疑 いくつ	☑ 不	bù	副 ～ない
☑ 等	děng	動 待つ	☑ 电话	diànhuà	名 電話
☑ 一下	yíxià	名 ちょっと	☑ 号码	hàomǎ	名 番号

语法说明　yǔfǎ shuōmíng　CD60

① A "是" B ────「AはBです」

肯定：我　是　大学生。
　　　Wǒ　shì　dàxuéshēng.

否定：我　不　是　大学生。
　　　Wǒ　bú　shì　dàxuéshēng.

疑問：你　是　大学生　吗?　────　是。／不　是。
　　　Nǐ　shì　dàxuéshēng ma?　　　Shì.　Bú shì.

② 電話番号のいい方

你们　公司　的　电话　号码　是　多少?
Nǐmen gōngsī de diànhuà hàomǎ shì duōshao?

＊番号をいう場合、"七 qī" との混同を避けるため、"一" は "yāo" と発音する。

③ 動詞＋"一下" ────「ちょっと～する」

记　一下
jì　yíxià

公务员
gōngwùyuán
（公務員）

药剂师
yàojìshī
（薬剤師）

说说练练
shuōshuo liànlian

① 絵を見て、職業のいい方を練習しましょう。　CD62

医生　　　　　　律师　　　　　　歌手　　　　　　空姐
yīshēng　　　　　lǜshī　　　　　gēshǒu　　　　　kōngjiě

他／她　是（　　　）。
Tā　Tā　shì

② 「ちょっと～する」といういい方を練習しましょう。　CD63

你　尝　一下。
Nǐ　cháng　yíxià.

你　等　一下。
Nǐ　děng　yíxià.

尝　　cháng　　動 味わう

③ 二人で会話しましょう。　CD64

① A：你 是 大学生 吗?　　B：对。我 是 大学生。
　　 Nǐ shì dàxuéshēng ma?　　Duì. Wǒ shì dàxuéshēng.

② A：你 尝 一下。　　　　B：哇! 真 好吃。
　　 Nǐ cháng yíxià.　　　　Wā! Zhēn hǎochī.

わあー！
本当においしい！

练习 A
liànxí

1 听写 （音声を聞き、漢字を書き取りましょう。） CD65

① _____ ② _____ ③ _____

④ _____ ⑤ _____ ⑥ _____

2 填空 （音声を聞き、空欄を埋めましょう。） CD66
tiánkòng

A：你的_____？

B：_____。

A：你_____吗？

B：不是。_____。

3 看 拼音 写 汉字、中 译 日 （ピンインを漢字に直し、日本語に訳しましょう。）
　kàn pīnyīn xiě Hànzì　Zhōng yì Rì

① Tā mèimei shì kōngjiě.

　　漢字_____　意味（　　　　　　　　　　　　　）

② Nǐ cháng yíxià.

　　漢字_____　意味（　　　　　　　　　　　　　）

4 日 译 中 （日本語を中国語に訳しましょう。）
　Rì　yì Zhōng

① 私は薬剤師です。

　　漢字_____

② わあ、本当においしいです。

　　漢字_____

第 6 课
Dì liù kè

中国に出張した「私」はレストランに入りました。さあ、中国語会話に挑戦です！

服务员：你们 几 位？
fúwùyuán　Nǐmen jǐ wèi?

我：三 位。
wǒ　Sān wèi.

服务员：这边儿 请。 这 是 菜单。
fúwùyuán　Zhèibianr qǐng. Zhè shì càidān.

我：（メニューを見ながら）嗯……你们 的 招牌菜 是 什么？
wǒ　　　　　　　　　　　Ňg……Nǐmen de zhāopáicài shì shénme?

> ウェイトレス：何名様ですか？
> 私：3人です。
> ウェイトレス：こちらへどうぞ。メニューです。
> 私：ええと…この店の看板料理は何ですか？

♥ いろいろな食べ物 ♥

汉堡包
hànbǎobāo
（ハンバーガー）

三明治
sānmíngzhì
（サンドイッチ）

生词 shēngcí   CD69

☑ 服务员	fúwùyuán	名 店员	☑ 菜单	càidān	名 メニュー
☑ 位	wèi	量 (敬意をこめて人を数える) ～名	☑ 招牌菜	zhāopáicài	名 看板料理
			☑ 什么	shénme	疑 なに、どんな
☑ 这边儿请	zhèibianr qǐng	こちらへどうぞ	☑ 要	yào	動 欲しい
☑ 这	zhè	代 これ	☑ 豆沙	dòushā	名 こしあん

语法说明 yǔfǎ shuōmíng   CD70

① 指示代名詞

		近いところ		遠いところ		疑問	
①	これ*	这	zhè	あれ	那 nà	どれ	哪 nǎ
		这个	zhèige		那个 nèige		哪个 něige
②	この～	这个～	zhèige	あの～	那个～ nèige	どの～	哪个～ něige
③	ここ	这儿	zhèr	あそこ	那儿 nàr	どこ	哪儿 nǎr
		这里	zhèli		那里 nàli		哪里 nǎli
④	こちら	这边儿	zhèibianr	あちら	那边儿 nèibianr	どちら	哪边儿 něibianr

* "这是～～。"以外の場合は、一般に"这个"を使う。

这 是 我 的 电脑。　　　这个 多少 钱?　　　我 要 这个。
Zhè shì wǒ de diànnǎo.　　Zhèige duōshao qián?　　Wǒ yào zhèige.

② 疑問詞 "什么"

① 「なに」　　你 买 什么?　　——　　我 买 两 个 面包。
　　　　　　　Nǐ mǎi shénme?　　　　　　Wǒ mǎi liǎng ge miànbāo.

② 「どんな～」你 买 什么 面包?　——　我 买 豆沙 面包。
　　　　　　　Nǐ mǎi shénme miànbāo?　　Wǒ mǎi dòushā miànbāo.

方便面
fāngbiànmiàn
(カップ麺)

牛肉饭
niúròufàn
(牛丼)

说 说 练 练
shuōshuo liànlian

① レストランで注文する時の表現を練習しましょう。　CD72

　　　我 要 一 个 饺子。
　　　Wǒ yào yí ge jiǎozi.

　　　两 个 炒饭
　　　liǎng ge chǎofàn

　　　三 个 面条
　　　sān ge miàntiáo

② 飲み物を指さしながら、誰が注文したのかを言ってみましょう。　CD73

　　　这 是 他 的 红茶。
　　　Zhè shì tā de hóngchá.

　　　她 的 果汁
　　　tā de guǒzhī

　　　我 的 可乐
　　　wǒ de kělè

③ レストランで注文する時の会話を二人で練習しましょう。　CD74

A：你 要 什么?
　　Nǐ yào shénme?

B：我 要 一 个 面条。
　　Wǒ yào yí ge miàntiáo.

A：要 饮料 吗?
　　Yào yǐnliào ma?

B：不 要。
　　Bú yào.

练习 A
liànxí

1 听写（音声を聞き、漢字を書き取りましょう。） CD75
   tīngxiě

   ① _____ ② _____ ③ _____

   ④ _____ ⑤ _____ ⑥ _____

2 填空（音声を聞き、空欄を埋めましょう。） CD76
   tiánkòng

   A：你们_____？

   B：一共_____。

   A：_____？

   B：要_____这个，要_____。

3 看 拼音 写 汉字、中 译 日（ピンインを漢字に直し、日本語に訳しましょう。）
   kàn pīnyīn xiě Hànzì Zhōng yì Rì

   ① Zhè shì nǐ de chǎofàn.

      漢字_____ 意味（　　　　　　　　　　　）

   ② Wǒ yào yí ge niúròufàn.

      漢字_____ 意味（　　　　　　　　　　　）

4 日 译 中（日本語を中国語に訳しましょう。）
   Rì yì Zhōng

   ① これをください。

      漢字_____

   ② 私はカップ麺を買います。

      漢字_____

知っている歌を
中国語で
歌いましょう
3

♪ Happy birthday to you ♪

Zhù nǐ shēngrì kuàilè
祝你生日快乐

Zhù nǐ shēngrì kuàilè!
祝你生日快乐！

Zhù nǐ shēngrì kuàilè!
祝你生日快乐！

Zhù nǐ shēngrì kuàilè!
祝你生日快乐！

Zhù nǐ shēngrì kuàilè!
祝你生日快乐！

HAPPY
BIRTHDAY!

第2幕

楽しい生活が始まります!
中国を旅したり、
買い物をしたり、
ペットと遊んだり、
お酒や食事を楽しんだり…
新婚ほやほやの夫婦も演じますよ。

第 7 课
Dì qī kè

🍃 日本人の「私」が北京国際空港で入国審査を受けようとしています。

边检职员: biānjiǎn zhíyuán	你 Nǐ	是 shì	日本人 Rìběnrén	还是 háishi	中国人? Zhōngguórén?

我: 我 是 日本人。
wǒ   Wǒ shì Rìběnrén.

边检职员: 日本人 去 那边儿 排队。
biānjiǎn zhíyuán   Rìběnrén qù nèibianr páiduì.

我: 在 那边儿 排队 吗? 明白 了。
wǒ   Zài nèibianr páiduì ma? Míngbai le.

入国審査官：あなたは日本人ですか、中国人ですか？
私：日本人です。
入国審査官：日本人はあちらへ行って並んでください。
私：あちらで並ぶんですか？　分かりました。

❤ いろいろな国 ❤

美国
Měiguó
（アメリカ）

英国
Yīngguó
（イギリス）

第 7 课

生词 shēngcí

☐ 边检	biānjiǎn	名 出入国審査		☐ 在	zài	前	(行為の行われる場所を示す)〜で
☐ 职员	zhíyuán	名 職員		☐ 明白	míngbai	動	分かる
☐ 日本人	Rìběnrén	名 日本人		☐ 打工	dǎgōng	動	アルバイトをする
☐ 还是	háishi	接 それとも		☐ 图书馆	túshūguǎn	名	図書館
☐ 中国人	Zhōngguórén	名 中国人		☐ 借	jiè	動	借りる
☐ 排队	páiduì	動 並ぶ		☐ 食堂	shítáng	名	食堂

语法说明 yǔfǎ shuōmíng

1 ～"还是"…？ ── 「〜ですか、それとも…ですか？」

你 是 公司 职员 还是 大学生？ ── 我 是 公司 职员。
Nǐ shì gōngsī zhíyuán háishi dàxuéshēng?　　Wǒ shì gōngsī zhíyuán.

你 打工 还是 回家？ ── 我 打工。
Nǐ dǎgōng háishi huíjiā?　　Wǒ dǎgōng.

2 連動文（動詞が複数ある文） ── 動詞１＋（目的語１）＋動詞２＋（目的語２）

＊動詞は動作の行われる順に並べる。

我 来 学校 上课。
Wǒ lái xuéxiào shàngkè.

我 去 图书馆 借 书。
Wǒ qù túshūguǎn jiè shū.

3 "在"＋場所＋動詞 ── 「〜（場所）で…する」

＊前置詞"在"は動詞の前に置く。

我 在 食堂 吃饭。
Wǒ zài shítáng chīfàn.

法国
Fǎguó
（フランス）

意大利
Yìdàlì
（イタリア）

说说练练
shuōshuo liànlian

① 「AですかそれともBですか？」のいい方を練習しましょう。 CD82

A：你 吃 面条 还是 吃 炒饭？　　　　B：＿＿＿＿＿＿＿＿＿＿＿。
　　Nǐ chī miàntiáo háishi chī chǎofàn?

　　汉堡包　　三明治　　　　　　　　B：＿＿＿＿＿＿＿＿＿＿＿。
　　hànbǎobāo　sānmíngzhì

　　水果 蛋糕　巧克力 蛋糕　　　　　B：＿＿＿＿＿＿＿＿＿＿＿。
　　shuǐguǒ dàngāo qiǎokèlì dàngāo

吃	chī	動 食べる
水果	shuǐguǒ	名 果物、フルーツ
蛋糕	dàngāo	名 ケーキ
巧克力	qiǎokèlì	名 チョコレート

② 「～へ…しに行く」のいい方を練習しましょう。 CD83

 他们 去 公司 上班。
Tāmen qù gōngsī shàngbān.

 日本　旅游
Rìběn　lǚyóu

 上野　看　熊猫
Shàngyě kàn xióngmāo

③ 午前10時、家族がどこで何をしているかを言ってみましょう。 CD84

妈妈 在 家 做 家务。
Māma zài jiā zuò jiāwù.

爸爸 在 公司 上班。
Bàba zài gōngsī shàngbān.

我 在 学校 上课。
Wǒ zài xuéxiào shàngkè.

| 家 | jiā | 名 家 |
| 做家务 | zuò jiāwù | 家事をする |

练习 A
liànxí

1 听写（音声を聞き、漢字を書き取りましょう。） CD 85
tīngxiě

① _____ ② _____ ③ _____

④ _____ ⑤ _____ ⑥ _____

2 填空（音声を聞き、空欄を埋めましょう。） CD 86
tiánkòng

① A：你_____？

　 B：_____。

② A：你_____？

　 B：我_____蛋糕。

3 看 拼音 写 汉字、 中 译 日（ピンインを漢字に直し、日本語に訳しましょう。）
kàn pīnyīn xiě Hànzì Zhōng yì Rì

① Tā shì Měiguórén.

　 漢字_____　意味（　　　　　　　　　　　　）

② Zhōngguórén lái Rìběn lǚyóu.

　 漢字_____　意味（　　　　　　　　　　　　）

4 日 译 中（日本語を中国語に訳しましょう。）
Rì yì Zhōng

① 私は食堂でご飯を食べます。

　 漢字_____

② 私は学校に行って授業を受けます。

　 漢字_____

第 8 课
Dì bā kè

🍃 「私」はデパートの店員です。ただいま、接客中。

CD 87
CD 88

我: 你 喜欢 哪个 帽子?
wǒ Nǐ xǐhuan něige màozi?

顾客: 我 喜欢 那个 天蓝色 的。
gùkè Wǒ xǐhuan nèige tiānlánsè de.

我: 那, 你 戴上 试试 吧。
wǒ Nà, nǐ dàishang shìshi ba.

(お客さんを見ながら) 嗯, 很 适合 你。
　　　　　　　　　　　　Ǹg, hěn shìhé nǐ.

私：どの帽子がお好みですか？
客：あの水色のがいいわ。
私：では、かぶってみて下さい。
　　いいですね、よくお似合いですよ。

💗 ファッション関連語 💗

CD 91

裙子
qúnzi
（スカート）

牛仔裤
niúzǎikù
（Gパン）

生词 shēngcí

- ☑ 喜欢　　xǐhuan　　動 好きである
- ☑ 哪个　　něige　　代 どの
- ☑ 帽子　　màozi　　名 帽子
- ☑ 天蓝色　tiānlánsè　名 水色
- ☑ 那　　　nà　　　　接 それでは
- ☑ 戴上　　dàishang　　かぶる
- ☑ 试　　　shì　　　動 試す
- ☑ 吧　　　ba　　　助（軽い命令）〜しなさい
- ☑ 嗯　　　ǹg　　　感（肯定を表す）うん
- ☑ 很　　　hěn　　　副 とても
- ☑ 适合　　shìhé　　動 似合う
- ☑ 休息　　xiūxi　　動 休む

语法说明 yǔfǎ shuōmíng

① "喜欢"〜 ——「〜が好きである」

"喜欢" ＋名詞　　　我 喜欢 天蓝色。
　　　　　　　　　Wǒ xǐhuan tiānlánsè.

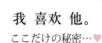

　　　＋動詞フレーズ　我 喜欢 听 音乐。
　　　　　　　　　　Wǒ xǐhuan tīng yīnyuè.

② "这" ／ "那" ＋量詞＋(名詞) ——「この／あの 〜」

这 本（书）　　那 件（毛衣）
zhèi běn shū　　nèi jiàn máoyī

＊量詞の後ろの名詞は省略できる。p.35 指示代名詞②を参照。

你 借 哪 本 书?　——　这 本。
Nǐ jiè něi běn shū?　　Zhèi běn.

你 要 哪 件?　　——　那 件。
Nǐ yào něi jiàn?　　　Nèi jiàn.

③ 動詞の重ね型 ——「ちょっと〜する、〜してみる」

尝（一）尝　　休息休息
chángyichang　xiūxixiuxi

＊第5課の文法説明（3）動詞＋"一下"と同じ意味。

T恤衫
Txùshān
（Tシャツ）

连衣裙
liányīqún
（ワンピース）

说说练练
shuōshuo liànlian

① "喜欢"を使って自分の趣味を言ってみましょう。　CD92

我 喜欢 听 音乐。
Wǒ xǐhuan tīng yīnyuè.

　　　踢 足球
　　　tī zúqiú

　　　看 漫画
　　　kàn mànhuà

| 踢足球 | tī zúqiú | サッカーをする |
| 漫画 | mànhuà | 名 漫画 |

② "不喜欢"を使って、嫌いなことを言ってみましょう。　CD93

我 不 喜欢 弹 钢琴。
Wǒ bù xǐhuan tán gāngqín.

　　　做 家务
　　　zuò jiāwù

| 弹钢琴 | tán gāngqín | ピアノを弾く |

③ 色の名前を声に出して言ってみましょう。　CD94

黑色　　白色　　红色　　黄色　　蓝色　　紫色　　绿色　　灰色　　粉红色
hēisè　báisè　hóngsè　huángsè　lánsè　zǐsè　lǜsè　huīsè　fěnhóngsè

你 喜欢 什么 颜色?　——　我 喜欢 黑色。
Nǐ xǐhuan shénme yánsè?　　　Wǒ xǐhuan hēisè.

| 颜色 | yánsè | 名 色 |

练习 A
liànxí

1 听写（音声を聞き、漢字を書き取りましょう。） CD 95
　　tīngxiě

① _____　② _____　③ _____

④ _____　⑤ _____　⑥ _____

2 划线（音声を聞き、色と服装を線で結びましょう。） CD 96
　　huàxiàn

蓝色　•　　　•连衣裙

粉红色•　　　•毛衣

白色　•　　　•T恤衫

绿色　•　　　•牛仔裤

3 看 拼音 写 汉字、中 译 日（ピンインを漢字に直し、日本語に訳しましょう。）
　　kàn pīnyīn xiě Hànzì　Zhōng yì Rì

① Nǐ xǐhuan něige?

　　漢字_____　意味（　　　　　　　　　　　　）

② Wǒ xǐhuan zhèige.

　　漢字_____　意味（　　　　　　　　　　　　）

4 日 译 中（日本語を中国語に訳しましょう。）
　　Rì yì Zhōng

① 私はこの本を借ります。

　　漢字_____

② 私の兄はサッカーをするのが好きです。

　　漢字_____

第 9 课
Dì jiǔ kè

次はある新婚夫婦の家庭。「私」は優しい妻です。

丈夫：最近　工作　很　忙，好　累　啊！
zhàngfu　Zuìjìn　gōngzuò　hěn　máng,　hǎo　lèi　a!

我：是　吗？　那，我　给　你　揉揉　肩。
wǒ　Shì　ma?　Nà,　wǒ　gěi　nǐ　róurou　jiān.

怎么样？
Zěnmeyàng?

丈夫：(うなずきながら) 嗯，　好　舒服　啊！
zhàngfu　　　　　　　　Ǹg,　hǎo　shūfu　a!

夫：最近、仕事が忙しくて、めちゃくちゃ疲れるよ。
私：そう？　じゃあ、私が肩をもんであげるわ。
　　どう？
夫：うん、いい気持ち！

♥ いろいろな果物

苹果
píngguǒ
(りんご)

草莓
cǎoméi
(いちご)

生词　shēngcí

☐ 丈夫	zhàngfu	名 夫		☐ 怎么样	zěnmeyàng	疑	（状況を尋ねる）いかがですか
☐ 最近	zuìjìn	名 最近		☐ 舒服	shūfu	形	気持ちがよい
☐ 忙	máng	形 忙しい		☐ 高兴	gāoxìng	形	嬉しい
☐ 好	hǎo	副 すごく		☐ 帅	shuài	形	かっこいい
☐ 啊	a	助 (感嘆を表す) ～だよ		☐ 大家	dàjiā	代	みんな
☐ 给	gěi	前 ～のために、～に		☐ 做	zuò	動	作る
☐ 揉	róu	動 もむ		☐ 饭	fàn	名	ごはん
☐ 肩	jiān	名 肩					

语法说明　yǔfǎ shuōmíng

1　形容詞述語文

肯定: 我 很 高兴。
　　　Wǒ hěn gāoxìng.

＊"是"は用いない。
＊肯定の場合、形容詞の前にはふつう"很"を付ける。この場合、「とても」の意味は消える。

否定: 我 不 高兴。
　　　Wǒ bù gāoxìng.

疑問: 你 高兴 吗?　───　很 高兴。／不 高兴。
　　　Nǐ gāoxìng ma?　　　　　Hěn gāoxìng.　Bù gāoxìng.

2　"好"＋形容詞＋"啊！"　───　「なんて～なんだろう！」

（超カッコいい！）

他 好 帅 啊!
Tā hǎo shuài a!

＊形容詞の前に"好"などの別の副詞がある場合、"很"は付けなくてよい。

3　"给"＋ヒト＋動詞　───　「～に／～のために…する」

＊前置詞"给"は動詞の前に置く。

我 给 大家 做 饭。
Wǒ gěi dàjiā zuò fàn.

香蕉
xiāngjiāo
(バナナ)

桃子
táozi
(もも)

说说练练
shuōshuo liànlian

① 形容詞を使って、東京の街について言ってみましょう。　CD 102

東京　很　大。
Dōngjīng hěn dà.

人　很　多。
Rén hěn duō.

交通　很　方便。
Jiāotōng hěn fāngbiàn.

大	dà	形 大きい ⇔ 小 xiǎo
多	duō	形 多い ⇔ 少 shǎo
交通	jiāotōng	名 交通
方便	fāngbiàn	形 便利である

② 形容詞述語文の肯定と否定を練習しましょう。　CD 103

我　很　忙。　⇔　我　不　忙。
Wǒ hěn máng.　　Wǒ bù máng.

很　累　　　　不　累
hěn lèi　　　　bú lèi

很　困　　　　不　困
hěn kùn　　　　bú kùn

③ 二人で会話を練習しましょう。　CD 104

A：你 今天 好 可爱 啊!
　　Nǐ jīntiān hǎo kě'ài a!

B：（恥ずかしそうに）哪里，哪里。
　　　　　　　　　　Nǎli, nǎli.

いえいえ。

| 可爱 | kě'ài | 形 かわいい　cf. 卡哇伊 kǎwāyī |

1 听写（音声を聞き、漢字を書き取りましょう。） CD 105
tīngxiě

① _____ ② _____ ③ _____

④ _____ ⑤ _____ ⑥ _____

2 填空（音声を聞き、空欄を埋めましょう。） CD 106
tiánkòng

① A：你_____？

　 B：我_____。

② A：你_____啊！

　 B：_____。

3 看 拼音 写 汉字、 中 译 日（ピンインを漢字に直し、日本語に訳しましょう。）
kàn pīnyīn xiě Hànzì、 Zhōng yì Rì

① Wǒ jīntiān bú lèi.

　 漢字_____ 意味（　　　　　　　　　　　　）

② Zhèige táozi hěn dà.

　 漢字_____ 意味（　　　　　　　　　　　　）

4 日 译 中（日本語を中国語に訳しましょう。）
Rì yì Zhōng

① 彼女は今日忙しいです。

　 漢字_____

② みんなが嬉しがっています。

　 漢字_____

练习 A
liànxí

第 10 课
Dì shí kè

散歩の途中、可愛いワンちゃんに出会いました。「私」は思わず足を止めて…。

我：狗狗　好　可爱　啊！
wǒ　Gǒugou　hǎo　kě'ài　a!

狗的主人：它　比　一般　的　狗狗　小。
gǒu de zhǔrén　Tā　bǐ　yìbān　de　gǒugou　xiǎo.

我：（手を差し出しながら）你　好！　握握　手！
wǒ　　　　　　　　　　　　　Nǐ　hǎo!　Wòwo　shǒu!

狗的主人：我　家　的　狗狗　一点儿　也　不　认生。
gǒu de zhǔrén　Wǒ　jiā　de　gǒugou　yìdiǎnr　yě　bú　rènshēng.

私：ワンちゃん、すごく可愛いですね。
飼い主：この子は普通のワンちゃんより小さいのよ。
私：こんにちは！握手しましょう！
飼い主：うちの子は全然人見知りしないのよ。

💗 人気のペット 💗

宠物
chǒngwù
（ペット）

猫
māo
（ネコ）

生词　shēngcí　CD109

- ☐ 狗狗　gǒugou　[名]ワンちゃん←狗 gǒu [名]犬
- ☐ 主人　zhǔrén　[名]主人
- ☐ 比　bǐ　[前]〜より
- ☐ 一般　yìbān　[形]普通である
- ☐ 握手　wòshǒu　[動]握手する（重ね型は"握握手"）
- ☐ 一点儿　yìdiǎnr　[名]少し
- ☐ 也　yě　[副]〜も
- ☐ 认生　rènshēng　[動]人見知りする
- ☐ 大　dà　[形]年上である
- ☐ 高　gāo　[形]高い ⇔ 矮 ǎi
- ☐ 菜　cài　[名]料理
- ☐ 好吃　hǎochī　[形]（食べ物が）おいしい

语法说明　yǔfǎ shuōmíng　CD110

① 比較文

肯定：A＋"比"＋B＋形容詞（＋差の量）　──「AはBより（どのぐらい）〜だ」

哥哥 比 我 大 三 岁。
Gēge bǐ wǒ dà sān suì.

否定：A＋"没有"＋B＋形容詞　──「AはBほど〜でない」

我 没有 他 高。
Wǒ méiyou tā gāo.

② 副詞"也"──「〜も」

我 爸爸 也 做 家务。
Wǒ bàba yě zuò jiāwù.

③ "一点儿"＋"也"＋否定形 ──「少しも〜ない」

这个 菜 一点儿 也 不 好吃。
Zhèige cài yìdiǎnr yě bù hǎochī.

兔子
tùzi
（うさぎ）

鹦哥
yīnggē
（インコ）

说说练练
shuōshuo liànlian

① 「A は B より〜だ」の文型を練習しましょう。　CD112

 　草莓　比　苹果　红。
　　　　　　　　　Cǎoméi bǐ píngguǒ hóng.

 　芒果　比　桃子　贵。
　　　　　　　　　Mángguǒ bǐ táozi guì.

　　　　中国　比　日本　大。
　　　　　　　　　Zhōngguó bǐ Rìběn dà.

　　红 hóng 形 赤い
　　贵 guì 形（値段が）高い ⇔ 便宜 piányi

② 「少しも〜ない」の文型を練習しましょう。　CD113

妈妈 一点儿 也 不 高兴。
Māma yìdiǎnr yě bù gāoxìng.

交通　　　　　方便
jiāotōng　　　fāngbiàn

衣服　　　　　便宜
yīfu　　　　　piányi

　　衣服 yīfu 名 衣服

③ 二人で会話しましょう。　CD114

A：考试 一点儿 也 不 难。　　B：真　幸运!
　 Kǎoshì yìdiǎnr yě bù nán.　　　Zhēn xìngyùn!

ラッキー！

　　考试 kǎoshì 名 試験
　　难　 nán　　形 難しい ⇔ 容易 róngyì

练习 A
liànxí

1 听写 （音声を聞き、漢字を書き取りましょう。） CD 115
tīngxiě

① _____ ② _____ ③ _____

④ _____ ⑤ _____ ⑥ _____

2 填空 （音声を聞き、空欄を埋めましょう。） CD 116
tiánkòng

A：_____？

B：_____ 岁。

A：我 _____ 你 _____。

B：那你今年 _____ 吧。

| 今年　jīnnián　名　今年 |

3 看 拼音 写 汉字、中 译 日 （ピンインを漢字に直し、日本語に訳しましょう。）
　　kàn pīnyīn xiě Hànzì　Zhōng yì Rì

① Cǎoméi bǐ píngguǒ guì.

　漢字_____　意味（　　　　　　　　　　　）

② Zhèige cài méiyou nèige cài hǎochī.

　漢字_____　意味（　　　　　　　　　　　）

4 日 译 中 （日本語を中国語に訳しましょう。）
　　Rì yì Zhōng

① このバナナはあれより安いです。

　漢字_____

② 交通は少しも便利ではありません。

　漢字_____

第 11 课
Dì shíyī kè

仕事が終わって、やれやれ。「私」は同僚と居酒屋に入ります。

同事：今天 喝 什么 酒？
tóngshì　Jīntiān　hē　shénme　jiǔ?

我：我 先 喝 啤酒。 你 呢？
wǒ　Wǒ　xiān　hē　píjiǔ.　Nǐ　ne?

同事：我……梅酒 很 诱人。 我 喝 梅酒 吧。
tóngshì　Wǒ……　Méijiǔ　hěn　yòurén.　Wǒ　hē　méijiǔ　ba.

我：服务员， 来 一 瓶 啤酒、 一 杯 梅酒。
wǒ　Fúwùyuán,　lái　yì　píng　píjiǔ,　yì　bēi　méijiǔ.

同僚：今日はどのお酒を飲みますか？
　私：まずはビールかな。君は？
同僚：私は…梅酒がおいしそう。梅酒にするわ。
　私：すみません、ビール1本と梅酒1杯お願いします。

❤ いろいろな場所 ❤

快餐店
kuàicāndiàn
（ファストフード店）

便利店
biànlìdiàn
（コンビニ）

第11课

生词 shēngcí   CD 119

☑ 同事	tóngshì	名	同僚
☑ 喝	hē	動	飲む
☑ 酒	jiǔ	名	酒
☑ 先	xiān	副	まず
☑ 啤酒	píjiǔ	名	ビール
☑ 呢	ne	助	①〜は
			②(動詞の進行を表す)⇒第17課
☑ 梅酒	méijiǔ	名	梅酒
☑ 诱人	yòurén	動	人を魅了する
☑ 来	lái	動	(料理を注文する時のいい方)〜を下さい
☑ 瓶	píng	量	(瓶に入ったものを数える) 瓶、本
☑ 杯	bēi	量	(コップに入ったものを数える) 杯
☑ 好喝	hǎohē	形	(飲み物が) おいしい
☑ 开始	kāishǐ	動	始める
☑ 走	zǒu	動	行く、歩く

语法说明 yǔfǎ shuōmíng   CD 120

1 省略疑问文 〜"呢"? —— 「〜は?」

啤酒 很 好喝。梅酒 呢? —— 梅酒 也 很 好喝。
Píjiǔ hěn hǎohē. Méijiǔ ne?   Méijiǔ yě hěn hǎohē.

2 文末の語気助詞 〜"吧"

① 「〜しよう。」   —— 提案   我们 开始 吧。
                              Wǒmen kāishǐ ba.

② 「〜でしょう?」 —— 推量   他 不 喜欢 这个 颜色 吧?
                              Tā bù xǐhuan zhèige yánsè ba?

③ 「〜しなさい。」 —— 軽い命令 你 走 吧。
                              Nǐ zǒu ba.

3 注文する時のいい方 "来"＋数量＋(モノ) —— 「〜を下さい」

＊必ず"来"の直後に数量を置く。モノは省略できる。

来 一 杯 (啤酒)。
Lái yì bēi píjiǔ.

居酒屋
jūjiǔwū
(居酒屋)

美容院
měiróngyuàn
(美容院)

说说练练
shuōshuo liànlian

① 「〜しよう」と、人を誘ういい方を練習しましょう。　CD122

A：我们 去 喝 咖啡 吧。　　　B：好。（いいよ。）
　　Wǒmen qù hē kāfēi ba.　　　　　Hǎo.

　　去 逛 商店　　　　　　　　　不行。（だめだよ。）
　　qù guàng shāngdiàn　　　　　　Bùxíng.

　　去 看 烟火
　　qù kàn yānhuo

| 咖啡 | kāfēi | 名 コーヒー |
| 烟火 | yānhuo | 名 花火 |

② 「〜を下さい」とレストランで注文するいい方を練習しましょう。　CD123

A：来 一 杯 咖啡、一 个 三明治。
　　Lái yì bēi kāfēi, yí ge sānmíngzhì.

　　　　　　　　　　　　　　　　　　B：好。／明白 了。
　　　　　　　　　　　　　　　　　　　Hǎo.　Míngbai le.

A：来 两 个 汉堡包、一 瓶 乌龙茶。
　　Lái liǎng ge hànbǎobāo, yì píng wūlóngchá.

③ 「〜がおいしそうだね」と言ってみましょう。　CD124

麻婆豆腐 很 诱人。
Mápódòufu hěn yòurén.

寿司
shòusī

草莓
cǎoméi

练习 A
liànxí

1 听写 （音声を聞き、漢字を書き取りましょう。） CD 125
tīngxiě

① _____ ② _____ ③ _____

④ _____ ⑤ _____ ⑥ _____

2 填空 （音声を聞き、空欄を埋めましょう。） CD 126
tiánkòng

A：我们去 _____ 。

B：_____ 。去哪儿?

A：_____ 。

B：_____ 不好吃。

3 看 拼音 写 汉字、中 译 日 （ピンインを漢字に直し、日本語に訳しましょう。）
kàn pīnyīn xiě Hànzì Zhōng yì Rì

① Lái liǎng ge hànbǎobāo.

　漢字_____　意味（　　　　　　　　　　　　）

② Nǐ hē píjiǔ ba.

　漢字_____　意味（　　　　　　　　　　　　）

4 日 译 中 （日本語を中国語に訳しましょう。）
Rì yì Zhōng

① みんな、ご飯を食べましょう。

　漢字_____

② お寿司がおいしそうです。

　漢字_____

第 12 课
Dì shí'èr kè

🍃 授業が終わり、「私」は同級生と食堂で並んでいます。

CD127
CD128

同学： tóngxué	我 Wǒ	吃 chī	炸猪排、 zházhūpái、	咖喱饭 gālífàn	和 hé	豆沙 dòushā	面包。 miànbāo.
我： wǒ	你 Nǐ	饭量 fànliàng	真 zhēn	大。 dà.			
同学： tóngxué	我 Wǒ	是 shì	男的 nánde	嘛。 ma.			
我： wǒ	我 Wǒ	减肥， jiǎnféi,	只 zhǐ	吃 chī	色拉。 sèlā.		

同級生：おれ、トンカツとカレーとアンパン食うわ。
　　私：本当によく食べるわね。
同級生：おれ、男だもん。
　　私：私ダイエットしてるから、サラダだけにするわ。

💗 からだの部分 💗

CD131

耳朵
ěrduo
(耳)

鼻子
bízi
(鼻)

第12课

生词 shēngcí CD129

☑ 同学	tóngxué	名 同級生		☑ 减肥	jiǎnféi	動 ダイエットする
☑ 炸猪排	zházhūpái	名 トンカツ		☑ 只	zhǐ	副 ただ～だけ
☑ 咖喱饭	gālífàn	名 カレーライス		☑ 色拉	sèlā	名 サラダ
☑ 和	hé	接 ～と		☑ 学习	xuéxí	動 学ぶ
☑ 饭量	fànliàng	名 食べる量		☑ 经济	jīngjì	名 経済
☑ 男的	nánde	名 男 ⇔ 女的 nǚde		☑ 种	zhǒng	量 種類
☑ 嘛	ma	助 ～だもの、～ではないか		☑ 人口	rénkǒu	名 人口

语法说明 yǔfǎ shuōmíng CD130

① "逗号 dòuhào"「コンマ (,)」と "顿号 dùnhào"「てん (、)」

「，」…意味を明確にするためのポーズを示す。

我 是 大学生，学习 经济。
Wǒ shì dàxuéshēng, xuéxí jīngjì.

「、」…並列する単語間のポーズを示す。

我 要 三明治、豆沙 面包 和 可乐。
Wǒ yào sānmíngzhì, dòushā miànbāo hé kělè.

② 文末の語気助詞 ～"嘛" ―― 「～だもの／～ではないか」

我 买 这 种 草莓。这 种 草莓 大 嘛。
Wǒ mǎi zhèi zhǒng cǎoméi. Zhèi zhǒng cǎoméi dà ma.

③ 主述述語文 　大主語＋大述語（小主語＋小述語） ―― 「～は…が～だ」

中国 人口 很 多。
Zhōngguó rénkǒu hěn duō.

嘴
zuǐ
(口)

腿
tuǐ
(脚)

说说练练
shuōshuo liànlian

1 "嘛"を使ったいい方を練習しましょう。 CD 132

　　A：你 饭量 真 小。　　　　　B：我 减肥 嘛。
　　　 Nǐ fànliàng zhēn xiǎo.　　　　 Wǒ jiǎnféi ma.

　　A：外国人 也 来 日本 看 樱花。　B：日本 的 樱花 很 有名 嘛。
　　　 Wàiguórén yě lái Rìběn kàn yīnghuā.　Rìběn de yīnghuā hěn yǒumíng ma.

外国人	wàiguórén	名	外国人
樱花	yīnghuā	名	桜
有名	yǒumíng	形	有名である

2 主述述語文を練習しましょう。 CD 133

　　他 个子 很 高。
　　　Tā gèzi hěn gāo.

| 个子 | gèzi | 名 | 背丈 |
| 长 | cháng | 形 | 長い ⇔ 短 duǎn |

　　她 头发 很 长。
　　　Tā tóufa hěn cháng.

　　他 眼睛 很 大。
　　　Tā yǎnjing hěn dà.

3 久しぶりに会った友達に挨拶してみましょう。 CD 134

　　A：你 身体 好 吗?
　　　 Nǐ shēntǐ hǎo ma?

　　B：很 好。谢谢。你 呢?
　　　 Hěn hǎo. Xièxie. Nǐ ne?

（お元気ですか？）

　　A：我 也 很 好。
　　　 Wǒ yě hěn hǎo.

| 身体 | shēntǐ | 名 | からだ |

练习 A liànxí

1 听写 （音声を聞き、漢字を書き取りましょう。） CD 135
　　tīngxiě

① _____　② _____　③ _____

④ _____　⑤ _____　⑥ _____

2 画 画儿 （音声を聞き、絵を書きましょう。） CD 136
　　huà huàr

① 　　　　　　　　　　②

非常　fēicháng　副 非常に

3 看 拼音 写 汉字、中 译 日 （ピンインを漢字に直し、日本語に訳しましょう。）
　　kàn pīnyīn xiě Hànzì Zhōng yì Rì

① Wǒ zhǐ xǐhuan māo.

　漢字_____　意味（　　　　　　　　　　　）

② Wǒ fànliàng bú dà.

　漢字_____　意味（　　　　　　　　　　　）

4 日 译 中 （日本語を中国語に訳しましょう。）
　　Rì yì Zhōng

① 母はからだが元気です。

　漢字_____

② 日本の桜は有名です。

　漢字_____

知っている歌を
中国語で
歌いましょう

♪ きらきら星 ♪

Yì shǎn yì shǎn liàngjīngjīng
一闪一闪亮晶晶

Yì shǎn yì shǎn liàngjīngjīng,
一闪一闪亮晶晶，

mǎntiān dōu shì xiǎo xīngxing.
满天都是小星星。

Guàzài tiānkōng fàng guāngmíng,
挂在天空放光明，

hǎoxiàng qiānwàn xiǎo yǎnjing.
好像千万小眼睛。

Yì shǎn yì shǎn liàngjīngjīng,
一闪一闪亮晶晶，

mǎntiān dōu shì xiǎo xīngxing.
满天都是小星星。

第3幕

役柄がさらに増えますよ。
トイレを我慢できないちびっ子
お母さんとけんかする中学生
恋をしたり、
ディズニーランドに行ったり
「わたし」って時空を超えた存在？

第 13 课
Dì shísān kè

🍃 **小学生の「私」はお母さんとお出かけ。急にどうしたのかな？**

我：妈妈，不行了。我想上厕所。
wǒ　　Māma,　bùxíng　le.　Wǒ　xiǎng　shàng　cèsuǒ.

妈妈：先忍一下。
māma　Xiān　rěn　yíxià.

（やっと見つけたお店で）请问，这儿有洗手间吗？
　　　　　　　　　　　　Qǐngwèn,　zhèr　yǒu　xǐshǒujiān　ma?

店员：有。里边儿有洗手间。
diànyuán　Yǒu.　Lǐbianr　yǒu　xǐshǒujiān.

私：ママ、もうダメ。トイレに行きたい。
お母さん：ちょっと我慢して。
　　　　　すみません、お手洗いはありますか？
店員：ございます。中にございます。

💗 いろいろな場所 💗

口袋里
kǒudàili
（ポケットの中）

包里
bāoli
（カバンの中）

第13课

生词 shēngcí

☑ 想	xiǎng	助動 ～したい
☑ 上	shàng	動 行く
☑ 厕所	cèsuǒ	名 トイレ
☑ 上厕所	shàng cèsuǒ	トイレに行く
☑ 忍	rěn	動 我慢する
☑ 请问	qǐngwèn	（相手に尋ねる前の前置き）お尋ねします
☑ 这儿	zhèr	代 ここ
☑ 有	yǒu	動 ある
☑ 洗手间	xǐshǒujiān	名 お手洗い
☑ 里边儿	lǐbianr	名 中
☑ -里	li	名 ～の中
☑ 外国	wàiguó	名 外国
☑ 留学生	liúxuéshēng	名 留学生
☑ -上	shang	名 ～の上
☑ 墙	qiáng	名 壁
☑ 地图	dìtú	名 地図

语法说明 yǔfǎ shuōmíng

1 助動詞 "想"　　"想"＋動詞　——　「～したい」

我 想 吃 炸猪排。
Wǒ xiǎng chī zházhūpái.

我 不 想 打工。
Wǒ bù xiǎng dǎgōng.

2 「存在」を表す "有"　　場所＋"有"＋モノ／ヒト　——　「～に…がある／いる」

学校里 有 十 个 外国 留学生。
Xuéxiàoli yǒu shí ge wàiguó liúxuéshēng.

墙上 有 一 张 中国 地图。
Qiángshang yǒu yì zhāng Zhōngguó dìtú.

＊普通名詞の後ろに "-上（～の上）" や "-里（～の中）" をつけることにより、場所を表す語になる。

这儿 没有 WiFi。
Zhèr méiyǒu   .

＊"有" の否定は "没有" である。p.35 指示代名詞③を参照。

房间里
fángjiānli
（部屋の中）

桌子上
zhuōzishang
（机の上）

说说练练
shuōshuo liànlian

① "想"を使って、肯定と否定の練習をしましょう。　CD142

我　想　睡觉，不　想　起床。
Wǒ xiǎng shuìjiào, bù xiǎng qǐchuáng.

回家　　　　打工
huíjiā　　　 dǎgōng

吃 拉面　　　吃 面包
chī lāmiàn　　chī miànbāo

| 拉面　lāmiàn |
| 名 ラーメン |

② "有""没有"を使って学校内の施設について言ってみましょう。　CD143

学校里　有　食堂。
Xuéxiàoli yǒu shítáng.

　　　　ATM

　　　　WiFi

学校里　没有　美容院。
Xuéxiàoli méiyǒu měiróngyuàn.

　　　麦当劳
　　　Màidānglǎo

　　　肯德基
　　　Kěndéjī

| 麦当劳　Màidānglǎo　名 マクドナルド |
| 肯德基　Kěndéjī　名 ケンタッキー |

③ 二人で会話してみましょう。　CD144

A：你　想　去　哪儿？
　　Nǐ xiǎng qù nǎr?

B：我　想　去　中国。我　想　吃　北京烤鸭。
　　Wǒ xiǎng qù Zhōngguó. Wǒ xiǎng chī Běijīng kǎoyā.

北京ダックが食べたいなあ〜。

练习 A
liànxí

1 听写（音声を聞き、漢字を書き取りましょう。） CD 145
tīngxiě

① _____ ② _____ ③ _____

④ _____ ⑤ _____ ⑥ _____

2 填空（音声を聞き、空欄を埋めましょう。） CD 146
tiánkòng

① A：_____。我_____。

　B：那快_____吧。

② A：请问，这儿_____？

　B：_____。

3 看 拼音 写 汉字、 中 译 日（ピンインを漢字に直し、日本語に訳しましょう。）
kàn pīnyīn xiě Hànzì Zhōng yì Rì

① Gōngsīli méiyǒu shítáng.

　漢字_____ 意味（　　　　　　　　　　　　　）

② Bāoli yǒu hěn duō dōngxi.

　漢字_____ 意味（　　　　　　　　　　　　　）

4 日 译 中（日本語を中国語に訳しましょう。）
Rì yì Zhōng

① 私は北京ダックが食べたいです。

　漢字_____

② 学校には美容院がありません。

　漢字_____

第 14 课
Dì shísì kè

🍃 「私」は友達と二人でレストランに行くところです。

CD147
CD148

朋友：餐厅　在　几　楼？
péngyou　Cāntīng　zài　jǐ　lóu?

我：餐厅　在　十二　楼。
wǒ　Cāntīng　zài　shí'èr　lóu.

朋友：我们　坐　电梯　吧。
péngyou　Wǒmen　zuò　diàntī　ba.

我：好。哎，哎，电梯　在　这儿。
wǒ　Hǎo.　Āi,　āi,　diàntī　zài　zhèr.

友達：レストランは何階？
　私：12 階だよ。
友達：エレベーターで行こうよ。
　私：そうだね。ねえ、ねえ、エレベーターはここだよ。

💗 いろいろな家具 💗

CD151

椅子
yǐzi
（いす）

沙发
shāfā
（ソファー）

第14课

生词　shēngcí　　CD 149

- ☑ 餐厅　cāntīng　名 レストラン
- ☑ 在　zài　動 〜にある、いる
- ☑ 楼　lóu　量 〜階
- ☑ 坐　zuò　動 乗る
- ☑ 电梯　diàntī　名 エレベーター
- ☑ 哎　āi　感 ねえ（注意を引くために用いる）
- ☑ 书包　shūbāo　名 通学用かばん

语法说明　yǔfǎ shuōmíng　　CD 150

1　「存在」を表す"在"　　モノ／ヒト＋"在"＋場所　──「〜は…にある／いる」

妈妈 在 家。
Māma zài jiā.

我 的 手机 不 在 书包里。
Wǒ de shǒujī bú zài shūbāoli.

2　「存在」を表す"有"と"在"の違い

場所＋"有"＋モノ／ヒト　⇒この場合、「モノ」や「ヒト」は不特定のもの。

桌子上 有 一 个 钱包。
Zhuōzishang yǒu yí ge qiánbāo.

モノ／ヒト＋"在"＋場所　⇒この場合、「モノ」や「ヒト」は特定のもの。

我 的 钱包 在 桌子上。
Wǒ de qiánbāo zài zhuōzishang.

书架
shūjià
(本棚)

床
chuáng
(ベッド)

说说练练
shuōshuo liànlian

① 絵を見ながら、人の居場所を言ってみましょう。　CD 152

他 在 咖啡厅里。
Tā zài kāfēitīngli.

他 在 图书馆里。
Tā zài túshūguǎnli.

她 在 美容院里。
Tā zài měiróngyuànli.

② 存在を表す"有"と"在"の文を比べてみましょう。　CD 153

我家 附近 有 一 个 银行。　⇔　那个 银行 在 我 家 附近。
Wǒ jiā fùjìn yǒu yí ge yínháng.　　Nèige yínháng zài wǒ jiā fùjìn.

学校 附近 有 一 个 邮局。　⇔　那个 邮局 在 学校 附近。
Xuéxiào fùjìn yǒu yí ge yóujú.　　Nèige yóujú zài xuéxiào fùjìn.

车站 附近 有 一 个 超市。　⇔　那个 超市 在 车站 附近。
Chēzhàn fùjìn yǒu yí ge chāoshì.　　Nèige chāoshì zài chēzhàn fùjìn.

附近	fùjìn	名	付近
银行	yínháng	名	銀行
邮局	yóujú	名	郵便局
车站	chēzhàn	名	駅
超市	chāoshì	名	スーパーマーケット

③ 絵を指さしながら、簡単なフレーズを作ってみましょう。　CD 154

有 人
yǒu rén

没有 人
méiyǒu rén

在 这儿
zài zhèr

在 那儿
zài nàr

练习 A
liànxí

1 听写（音声を聞き、漢字を書き取りましょう。） CD155
tīngxiě

① _____ ② _____ ③ _____

④ _____ ⑤ _____ ⑥ _____

2 填空（音声を聞き、空欄を埋めましょう。） CD156
tiánkòng

A：你家_____？

B：_____。

A：_____几口人？

B：_____。

　　　　　　　　　　　　　　　　　　　口　kǒu　量（家族を数える）人

3 看 拼音 写 汉字、中 译 日（ピンインを漢字に直し、日本語に訳しましょう。）
　　kàn pīnyīn xiě Hànzì　Zhōng yì Rì

① Fùjìn yǒu chāoshì ma?

　漢字_____ 意味（　　　　　　　　　　　）

② Māo zài shāfāshang.

　漢字_____ 意味（　　　　　　　　　　　）

4 日 译 中（日本語を中国語に訳しましょう。）
　Rì yì Zhōng

① 家の中には誰もいません。（家の中には人がいません。）

　漢字_____

② 私の部屋は2階にあります。

　漢字_____

第 15 课
Dì shíwǔ kè

放課後。大学生の「私」は同級生を誘って、あるところに行こうと思っています。

我: 美香， 周末 有 空儿 吗?
wǒ Měixiāng, zhōumò yǒu kòngr ma?

美香: 有 空儿。 有 什么 事儿?
Měixiāng Yǒu kòngr. Yǒu shénme shìr?

我: 我们 去 迪士尼 乐园， 怎么样?
wǒ Wǒmen qù Díshìní Lèyuán, zěnmeyàng?

美香: 太 好 了!
Měixiāng Tài hǎo le!

> 私：美香ちゃん、週末は暇？
> 美香：暇だよ。何の用？
> 私：ディズニーランドに行かない？
> 美香：いいね！

♥ いろいろな趣味 ♥

做菜
zuò cài
（料理をする）

打麻将
dǎ májiàng
（麻雀をやる）

生词 shēngcí

- ☑ 周末　　　zhōumò　　　 名 週末
- ☑ 有　　　　yǒu　　　　　動 持っている
- ☑ 空儿　　　kòngr　　　　名 暇
- ☑ 事儿　　　shìr　　　　 名 用事
- ☑ 迪士尼乐园　Díshìní Lèyuán　名 ディズニーランド
- ☑ 怎么样　　zěnmeyàng　　疑 （意向を尋ねる）いかがですか
- ☑ 太～了　　tài~le　　　　とても～だ
- ☑ 唱　　　　chàng　　　　動 歌う
- ☑ 卡拉 OK　　kǎlāOK　　　名 カラオケ

语法说明 yǔfǎ shuōmíng

1 所有を表すいい方　主語＋"有"＋モノ ── 「～は…を持っている」

肯定： 我 有 月票。
　　　 Wǒ yǒu yuèpiào.

否定： 我 没有 月票。
　　　 Wǒ méiyǒu yuèpiào.

疑問： 你 有 月票 吗? ── 有。／没有。
　　　 Nǐ yǒu yuèpiào ma?　　Yǒu.　Méiyǒu.

2 疑問詞 "怎么样"

① 提案して、相手の意向を尋ねる。

我们 去 唱 卡拉 OK，怎么样? ── 好。／不行。
Wǒmen qù chàng kǎlā　　, zěnmeyàng?　　Hǎo.　Bùxíng.

② 状況を尋ねる。(⇒第9課)

你 爸爸 身体 怎么样? ── 很 好。
Nǐ bàba shēntǐ zěnmeyàng?　　Hěn hǎo.

打棒球
dǎ bàngqiú
（野球をする）

听演唱会
tīng yǎnchànghuì
（ライブを聴く）

说说练练
shuōshuo liànlian

① 「〜は…を持っている」の文型を使って、自分の兄弟のことを言ってみましょう。　CD162

我　有　一个　哥哥。
Wǒ yǒu yí ge gēge.

　　　　一个　姐姐
　　　　yí ge jiějie

　　　　两个　弟弟
　　　　liǎng ge dìdi

　　　　两个　妹妹
　　　　liǎng ge mèimei

我　没有　兄弟姐妹。
Wǒ méiyǒu xiōngdìjiěmèi.

兄弟姐妹　xiōngdìjiěmèi　名 兄弟

② 「〜は…を持っていない」の文型を使ったいい方を練習しましょう。　CD163

我　没有　钱。
Wǒ méiyǒu qián.

钱　qián　名 お金
时间　shíjiān　名 時間

　　时间
　　shíjiān

　　问题
　　wèntí

（質問はありません！）

③ 「〜には…がある／いる」の文型を使って、二人で趣味を尋ね合いましょう。　CD164

你 有 什么 爱好？　——　我 喜欢 踢 足球。
Nǐ yǒu shénme àihào?　　　　Wǒ xǐhuan tī zúqiú.

　　　　　　　　　　听 音乐
　　　　　　　　　　tīng yīnyuè

（趣味はなんですか？）

　　　　　　　　　　玩儿 游戏
　　　　　　　　　　wánr yóuxì

玩儿 wánr 動 遊ぶ
游戏 yóuxì 名 ゲーム
玩儿游戏 wánr yóuxì
　ゲームをする

练习 A
liànxí

1 听写 (音声を聞き、漢字を書き取りましょう。) CD165
tīngxiě

① _____ ② _____ ③ _____

④ _____ ⑤ _____ ⑥ _____

2 填空 (音声を聞き、空欄を埋めましょう。) CD166
tiánkòng

① A：你买_____吗？

B：不买。_____。

② A：_____宠物吗？

B：有。_____。

3 看 拼音 写 汉字、中 译 日 (ピンインを漢字に直し、日本語に訳しましょう。)
kàn pīnyīn xiě Hànzì Zhōng yì Rì

① Wǒ yǒu liǎng ge jiějie.

漢字_____ 意味（ ）

② Wǒ jīntiān méiyǒu shíjiān.

漢字_____ 意味（ ）

4 日 译 中 (日本語を中国語に訳しましょう。)
Rì yì Zhōng

① あなたは週末暇ですか？

漢字_____

② 父の趣味は料理を作ることです。

漢字_____

第 16 课
Dì shíliù kè

🍃 街で、「私」は中国人観光客に出会いました。

中国游客： 请问， 去 浅草寺 怎么 走?
Zhōngguó yóukè　Qǐngwèn,　qù　Qiǎncǎosì　zěnme　zǒu?

我： (手で前方を指して) 一直 走。
wǒ　　　　　　　　　　　Yìzhí　zǒu.

中国游客： 好找 吗?
Zhōngguó yóukè　Hǎozhǎo　ma?

我： 不太 好找。 我 带 你 去 吧。
wǒ　Bútài　hǎozhǎo.　Wǒ　dài　nǐ　qù　ba.

観光客：すみません，浅草寺にはどう行けばいいですか？
　　私：まっすぐ行って下さい。
観光客：分かりやすいですか。
　　私：ちょっと分かりにくいです。ご案内しましょう。

💗 いろいろな乗り物 💗

坐公交车
zuò gōngjiāochē
（バスに乗る）

坐高铁
zuò gāotiě
（中国の新幹線に乗る）

生词 shēngcí

- 浅草寺　Qiǎncǎosì　[名] 浅草寺
- 怎么　zěnme　[疑] どうやって
- 一直　yìzhí　[副] まっすぐに
- 好找　hǎozhǎo　　探しやすい
- 不太～　bútài　[副] あまり～でない
- 带　dài　[動] 連れる
- 远　yuǎn　[形] 遠い ⇔ 近 jìn
- 新干线　xīngànxiàn　[名] 新幹線
- 用　yòng　[動] 使う
- 学　xué　[動] 学ぶ

语法说明 yǔfǎ shuōmíng

1　疑問詞 "怎么"

① "怎么" ＋ 動詞　──「どのように～するのか」

＊"怎么"の直後に動詞がある場合、方法を尋ねる疑問文になる。

你 怎么 来 学校?　──　我 家 很 远。
Nǐ zěnme lái xuéxiào?　　Wǒ jiā hěn yuǎn.

　　　　　　　　　　　　我 坐 新干线 来 学校。
　　　　　　　　　　　　Wǒ zuò xīngànxiàn lái xuéxiào.

② "怎么" ＋ □ ＋ 動詞　──「なぜ～するのか」

＊"怎么"と動詞の間に何かが割り込んでいる場合、理由を尋ねる疑問文になる。

你 怎么 一 个 人 去?　──　我 没有 朋友。
Nǐ zěnme yí ge rén qù?　　Wǒ méiyǒu péngyou.

2　"好" ＋ 動詞　──「～しやすい」

好用　　好唱　　好学
hǎoyòng　hǎochàng　hǎoxué

坐飞机
zuò fēijī
（飛行機に乗る）

骑自行车
qí zìxíngchē
（自転車に乗る）

说 说 练 练
shuōshuo liànlian

1 道を聞かれたら、次のように答えましょう。　CD172

去　浅草寺　怎么　走？
Qù　Qiǎncǎosì　zěnme　zǒu?

　一直　走。
　　　　Yìzhí　zǒu.

　过　马路。
　　　　Guò　mǎlù.

　往　右　拐。
　　　　Wǎng yòu　guǎi.

　往　左　拐。
　　　　Wǎng zuǒ　guǎi.

2 登下校の交通手段を言ってみましょう。　CD173

你　怎么　来　学校？
Nǐ　zěnme　lái　xuéxiào?

我　坐　电车　来　学校。
Wǒ　zuò　diànchē　lái　xuéxiào.

　　坐　地铁
　　zuò　dìtiě

电车　diànchē　名 電車
地铁　dìtiě　　名 地下鉄

3 二人で会話しましょう。　CD174

A：你　怎么　今天　不　去　学校？
　　Nǐ　zěnme　jīntiān　bú　qù　xuéxiào?

B：今天　没有　课。
　　Jīntiān méiyǒu　kè.

A：真　轻松　啊！
　　Zhēn qīngsōng　a!

本当に、楽！

课　kè　名 授業

练习 A
liànxí

1 听写（音声を聞き、漢字を書き取りましょう。） CD 175
tīngxiě

① _____ ② _____ ③ _____

④ _____ ⑤ _____ ⑥ _____

2 填空（音声を聞き、空欄を埋めましょう。） CD 176
tiánkòng

A：_____？

B：很远。

A：你_____公司？

B：_____。

3 看 拼音 写 汉字、 中 译 日（ピンインを漢字に直し、日本語に訳しましょう。）
　　kàn pīnyīn xiě Hànzì　Zhōng yì Rì

① Wǒ dài nǐ qù ba.

　漢字_____　意味（　　　　　　　　　　　）

② Zhèige Zhōngguó gēr hěn hǎochàng.

　漢字_____　意味（　　　　　　　　　　　）

| 歌儿　gēr　名 歌 |

4 日 译 中（日本語を中国語に訳しましょう。）
　　Rì yì Zhōng

① あなたはなぜご飯を食べないのですか？

　漢字_____

② 私はおなかがすいていません。

　漢字_____

第 17 课
Dì shíqī kè

🌱 私は中学生。家に帰ったら、お母さんがまた「私」の部屋に侵入しています。

> 我： 妈妈， 你 在 干 什么？
> wǒ　 Māma, nǐ zài gàn shénme?
>
> 妈妈： 在 打扫 你 的 房间 呢。
> māma　 Zài dǎsǎo nǐ de fángjiān ne.
>
> 我： 哎呀， 别 碰 我 的 东西。
> wǒ　 Āiyā, bié pèng wǒ de dōngxi.
>
> 我 正在 画 漫画 呢。
> Wǒ zhèngzài huà mànhuà ne.

> 私：お母さん、何やってんの？
> 母：あんたの部屋を掃除してるんだよ。
> 私：うわっ、ボクのものを触らないでよ。
> 　　漫画を描いてるんだから。

💗 禁止あれこれ 💗

别哭
bié kū
(泣かないで)

别生气
bié shēngqì
(怒らないで)

第 17 课

生词　shēngcí　CD 179

- 在　zài　副 ～しているところだ
- 干　gàn　動 やる
- 打扫　dǎsǎo　動 掃除する
- 哎呀　āiyā　感 おやまあ
- 别　bié　副 ～しないで
- 碰　pèng　動 触る
- 正在　zhèngzài　副 ちょうど～しているところだ
- 画　huà　動 描く
- 抽烟　chōuyān　動 タバコを吸う

语法说明　yǔfǎ shuōmíng　CD 180

1　進行を表すいい方

"在"～"呢" ──「～しているところだ」

＊"在"あるいは"呢"のどちらか一方を省略することができる。

我在打棒球呢。／我在打棒球。／我打棒球呢。
Wǒ zài dǎ bàngqiú ne.　Wǒ zài dǎ bàngqiú.　Wǒ dǎ bàngqiú ne.

"正在"～（"呢"） ──「ちょうど～してるところだ」

我 正在 打 棒球（呢）。
Wǒ zhèngzài dǎ bàngqiú ne.

2　禁止を表すいい方

"别"＋動詞 ──「～しないで」

别 在 房间里 抽烟。
Bié zài fángjiānli chōuyān.

别笑我
bié xiào wǒ
(笑わないで)

别走
bié zǒu
(行かないで)

说 说 练 练
shuōshuo liànlian

① 「～しているところだ」という進行の表現を練習しましょう。　CD182

她 在 洗澡。
Tā zài xǐzǎo.

在 化妆
zài huàzhuāng

在 打 电话
zài dǎ diànhuà

她们 在 聊天儿。
Tāmen zài liáotiānr.

② 「～しないで」という禁止の表現を練習しましょう。　CD183

别 抽烟。
Bié chōuyān.

别 说话。
Bié shuōhuà.

说话　shuōhuà　動 話をする

③ 二人で会話しましょう。　CD184

A：你 又 在 玩儿 手机！
　　Nǐ yòu zài wánr shǒujī!

B：别 管 我。
　　Bié guǎn wǒ.

ほっといてよ！

又　　　yòu　　　副 また
玩儿 手机　wánr shǒujī　携帯をいじる

练习 A
liànxí

1 听写（音声を聞き、漢字を書き取りましょう。） CD 185
tīngxiě

① _____　② _____　③ _____

④ _____　⑤ _____　⑥ _____

2 填空（音声を聞き、空欄を埋めましょう。） CD 186
tiánkòng

① A：_____ 在这儿 _____ 。

　 B：明白了。

② A：_____ ？

　 B：_____ 化妆 _____ 。_____ 。

3 看 拼音 写 汉字、 中 译 日（ピンインを漢字に直し、日本語に訳しましょう。）
kàn pīnyīn xiě Hànzì Zhōng yì Rì

① Tāmen zài liáotiānr.

　 漢字_____　意味（　　　　　　　　　　　）

② Wǒ xīngqītiān dǎsǎo fángjiān.

　 漢字_____　意味（　　　　　　　　　　　）

4 日 译 中（日本語を中国語に訳しましょう。）
Rì yì Zhōng

① 彼は電話をしているところです。

　 漢字_____

② お母さん、怒らないでよ。

　 漢字_____

第 18 课
Dì shíbā kè

大学生の翔平くんと友人の里佳さんの会話。「私」は上機嫌の翔平くん役。

里佳：翔平，你 心情 不错 嘛。
Lǐjiā　Xiángpíng, nǐ xīnqíng búcuò ma.

我：你 猜，为 什么？
wǒ　Nǐ cāi, wèi shénme?

里佳：……你 在 谈 恋爱 吧？
Lǐjiā　…… Nǐ zài tán liàn'ài ba?

我：猜对 了。你 看，（携帯の写真を見せて）她 漂亮 吧？
wǒ　Cāiduì le. Nǐ kàn, tā piàoliang ba?

> 里佳：翔平、機嫌がいいじゃない。
> 　私：当ててみて。どうしてだと思う？
> 里佳：恋でもしてんの？
> 　私：あたり。見て、美人でしょう。

❤ いろいろな結果補語

吃完了
chīwán le
（食べ終えた）

说错了
shuōcuò le
（いい間違えた）

生词 shēngcí CD 189

- 心情　　　xīnqíng　　名 気分
- 不错　　　búcuò　　　形 よい＝"好"
- 猜　　　　cāi　　　　動 推測する、当てる
- 为什么　　wèishénme　疑 なぜ
- 谈恋爱　　tán liàn'ài　　恋愛をする
- 猜对了　　cāiduì le　　　推測が当たった
- 漂亮　　　piàoliang　形 美しい
- 完　　　　wán　　　　動 終える
- 错　　　　cuò　　　　形 間違っている
- 准备　　　zhǔnbèi　　動 準備する

语法说明 yǔfǎ shuōmíng CD 190

1　疑問詞 "为什么" ──── 「なぜ」

你 为什么 不 休息?　──── 我 不 累。
Nǐ wèishénme bù xiūxi?　　　　Wǒ bú lèi.

＊理由を尋ねる "怎么" と意味は同じ。ただし、"怎么" が単独で用いられないのに対し、"为什么" は単独で用いることができる。(⇒本文)

2　結果補語　　　動詞＋結果補語

＊動作の結果を表す。文末には、しばしば "了" が付く。

猜・对・了　──── 「推測する」＋「合っている」⇒「推測が当たった」
cāi　duì　le

做・完・了　──── 「やる」＋「終わる」⇒「やり終えた」
zuò　wán　le

坐・错・了　──── 「乗る」＋「間違える」⇒「乗り間違えた」
zuò　cuò　le

准备・好・了　──── 「準備する」＋「ちゃんと～する」⇒「ちゃんと準備した」
zhǔnbèi　hǎo　le

听懂了
tīngdǒng le
(聞き取れた)

学会了
xuéhuì le
(マスターした)

说说练练
shuōshuo liànlian

① 二人で、理由をたずねる会話をしてみましょう。

A：我 不 喜欢 这个 歌手。　　B：为什么？
　　Wǒ bù xǐhuan zhèige gēshǒu.　　　Wèishénme?

A：今天 我 心情 不 好。　　　B：为什么？
　　Jīntiān wǒ xīnqíng bù hǎo.　　　　Wèishénme?

② 絵を見ながら結果補語の文を言ってみましょう。

　她 做完 了。
　　　　　　Tā zuòwán le.

　你 答对 了。
　　　　　　Nǐ dáduì le.

　我 准备好 了。
　　　　　　Wǒ zhǔnbèihǎo le.

③ 二人で会話しましょう。

A：他们 为什么 分手？
　　Tāmen wèishénme fēnshǒu?

B：不 知道。
　　Bù zhīdao.

分手　fēnshǒu　動 別れる
知道　zhīdao　動 知る

练习 A
liànxí

1 听写 （音声を聞き、漢字を書き取りましょう。） CD 195

① _____ ② _____ ③ _____

④ _____ ⑤ _____ ⑥ _____

2 填空 （音声を聞き、空欄を埋めましょう。） CD 196
tiánkòng

① A：我今天不想_____。

　 B：_____？

② A：太好了！_____。

　 B：辛苦了。_____。

3 看 拼音 写 汉字、 中 译 日 （ピンインを漢字に直し、日本語に訳しましょう。）
kàn pīnyīn xiě Hànzì Zhōng yì Rì

① Nǐ wèishénme xǐhuan tā?

　 漢字_____ 意味（　　　　　　　　　　　　　）

② Dàjiā zhǔnbèihǎo le ma?

　 漢字_____ 意味（　　　　　　　　　　　　　）

4 日 译 中 （日本語を中国語に訳しましょう。）
Rì yì Zhōng

① すみません。言い間違えました。

　 漢字_____

② 私は今日、気分がいいです。

　 漢字_____

知っている歌を
中国語で
歌いましょう

5

♪ Jingle bells ♪

Líng'er xiǎng dīngdāng
铃儿响叮当

Dīngdīngdāng, dīngdīngdāng, líng'er xiǎng dīngdāng.
* 叮叮当，叮叮当，铃儿响叮当。

Wǒmen huáxuě duō kuàilè, wǒmen zuòzài xuěqiāo shang.
我们滑雪多快乐，我们坐在雪橇上。

* *

Chōngpò dà fēngxuě, wǒmen zuòzài xuěqiāo shang.
冲破大风雪，我们坐在雪橇上。

Bēnchídào tiányě, huānxiào yòu gēchàng.
奔驰到田野，欢笑又歌唱。

Língshēng xiǎng dīngdāng, jīngshén duō huānchàng.
铃声响叮当，精神多欢畅。

Jīnwǎn huáxuě duō kuàilè, bǎ huáxuě gē'er chàng.
今晚滑雪多快乐，把滑雪歌儿唱。

第4幕

──いよいよクライマックス！
演技も上手になったでしょう。
会社員やママ、
そしてパパ。
最後は
デートに向かう翔平君になりきって
熱演しましょう！

第 19 课
Dì shíjiǔ kè

上野公園の桜の下。会社の同僚が陣取っています。時間に遅れた「私」は……

我: 哎呀, 我 来晚 了。
wǒ Āiyā, wǒ láiwǎn le.

同事: 没 关系。 我们 也 刚 到。
tóngshì Méi guānxi. Wǒmen yě gāng dào.

我: 对不起。 我 家 离 这儿 比较 远……
wǒ Duìbuqǐ. Wǒ jiā lí zhèr bǐjiào yuǎn……

同事: 大家 都 来 了。 我们 干杯 吧。
tóngshì Dàjiā dōu lái le. Wǒmen gānbēi ba.

私：いやあ、遅くなりました。
同僚：大丈夫だよ。我々も今来たばかりなんだ。
私：すみません。家がここから遠いものだから…。
同僚：みんな揃ったね。乾杯しよう。

❤ 日本人の好きなこと ❤

看樱花
kàn yīnghuā
（お花見をする）

看烟火
kàn yānhuo
（花火を観る）

生词　shēngcí

☑ 来晚了	láiwǎn le		遅くなりました	☑ 都	dōu	副	みな
☑ 刚	gāng	副	たった今	☑ 了	le	助	(動作の完了を表す) ～した
☑ 到	dào	動	着く	☑ 干杯	gānbēi	動	乾杯する
☑ 离	lí	前	～から、～まで	☑ 回答	huídá	動	答える
☑ 比较	bǐjiào	副	比較的	☑ 公园	gōngyuán	名	公園

语法说明　yǔfǎ shuōmíng

1 完了を表すいい方　　　動詞＋"了"　――「～した」

① 動詞＋(目的語)＋"了"

他 来 了。
Tā lái le.

他 来 北京 了。
Tā lái Běijīng le.

② 動詞＋"了"＋修飾語＋目的語

我 回答了 一 个 问题。
Wǒ huídále yí ge wèntí.

否定：　"没(有)"＋動詞　――「～しなかった／～していない」

＊否定には"了"を付けない。

他 没(有) 来 公园。
Tā méiyou lái gōngyuán.

2 前置詞 "离"　　　A＋"离"＋B～　――「AはBから／まで～」

＊ある場所やある時間からの隔たりを表すときに用いる。

银行 离 这儿 很 近。
Yínháng lí zhèr hěn jìn.

泡温泉
pào wēnquán
(温泉に入る)

爬富士山
pá Fùshìshān
(富士山に登る)

说说练练
shuōshuo liànlian

① 「～しました」とその否定のいい方を練習しましょう。　CD 202

我 吃 早饭 了。　⇔　我 没（有） 吃 早饭。
Wǒ chī zǎofàn le.　　　Wǒ méiyou chī zǎofàn.

　游泳　　　⇔　　　游泳
　yóuyǒng　　　　　　yóuyǒng

　唱 歌儿　⇔　　　唱 歌儿
　chàng gēr　　　　　chàng gēr

早饭　zǎofàn　名 朝食
游泳　yóuyǒng　動 泳ぐ
歌儿　gēr　名 歌

② 「動詞＋"了"＋修飾語＋目的語」を使って、自分の行動を少し詳しく言ってみましょう。　CD 203

我 喝了 一 杯 咖啡。
Wǒ hēle yì bēi kāfēi.

我 买了 一 件 衣服。
Wǒ mǎile yí jiàn yīfu.

我 看了 一 个 电影。
Wǒ kànle yí ge diànyǐng.

③ 二人で会話しましょう。　CD 204

A：哎呀! 我 忘 了!　　B：怎么 搞的?
　　Āiyā! Wǒ wàng le!　　　Zěnme gǎode?

なにやってるの！

忘　wàng　動 忘れる

练习 A
liànxí

1 听写 （音声を聞き、漢字を書き取りましょう。） CD 205
tīngxiě

① _____ ② _____ ③ _____

④ _____ ⑤ _____ ⑥ _____

2 填空 （音声を聞き、空欄を埋めましょう。） CD 206
tiánkòng

A：你_____？

B：_____。

A：_____吗？

B：_____。生活_____。 | 生活 shēnghuó 名 生活 |

3 看 拼音 写 汉字、 中 译 日 （ピンインを漢字に直し、日本語に訳しましょう。）
kàn pīnyīn xiě Hànzì　Zhōng yì Rì

① Wǒ jīntiān méiyou shàngbān.

　漢字_____　意味（　　　　　　　　　　　　）

② Wǒ jiā lí xuéxiào hěn yuǎn.

　漢字_____　意味（　　　　　　　　　　　　）

4 日 译 中 （日本語を中国語に訳しましょう。）
Rì　yì Zhōng

① 私は結婚しました。（私は結婚しています。）　| 结婚 jiéhūn 動 結婚する |

　漢字_____

② あなたは温泉に入りましたか？

　漢字_____

第 20 课
Dì èrshí kè

🍃「私」は中国人のママ友のお宅に招待されました。テーブルには料理がいっぱい！　CD 207　CD 208

中国　妈妈：你　吃过　西红柿炒鸡蛋　吗？
Zhōngguó māma　Nǐ　chīguo　xīhóngshìchǎojīdàn　ma?

我：没　吃过。是　这个　菜　吗？
wǒ　Méi　chīguo.　Shì　zhèige　cài　ma?

（食べながら）嗯。有点儿　酸，有点儿　辣。
Ǹg.　Yǒudiǎnr　suān,　yǒudiǎnr　là.

中国　妈妈：是　啊。我　放了　一点儿　辣椒。
Zhōngguó māma　Shì　a.　Wǒ　fàngle　yìdiǎnr　làjiāo.

中国人ママ：トマトと卵の炒めもの、食べたことある？
私：ないわ。この料理？
うん。少し酸っぱくて、少し辛いわ。
中国人ママ：そうなのよ。唐辛子をちょっと入れたの。

💗 調味料いろいろ 💗　CD 211

盐
yán
（塩）

糖
táng
（砂糖）

生词　shēngcí　　　　　　　　　　　　　　　　　　　　　　　　CD 209

- 过　　　　guo　　　助（経験を表す）〜したことがある
- 西红柿　　xīhóngshì　名 トマト
- 炒　　　　chǎo　　　動 炒める
- 鸡蛋　　　jīdàn　　　名 卵
- 西红柿炒鸡蛋　xīhóngshìchǎojīdàn　名 トマトと卵の炒めもの
- 有点儿　　yǒudiǎnr　副 少し
- 酸　　　　suān　　　形 すっぱい
- 辣　　　　là　　　　形 辛い
- 放　　　　fàng　　　動 入れる
- 辣椒　　　làjiāo　　　名 唐辛子
- 甜品　　　tiánpǐn　　　名 スイーツ
- 味道　　　wèidao　　　名 味

语法说明　yǔfǎ shuōmíng　　　　　　　　　　　　　　　　　　CD 210

1 経験を表すいい方　　　動詞＋"过"　──「〜したことがある」

肯定：我 吃过 北京烤鸭。　　　　　否定：我 没(有) 吃过 北京烤鸭。
　　　Wǒ chīguo Běijīng kǎoyā.　　　　　　Wǒ méiyou chīguo Běijīng kǎoyā.

疑問：你 吃过 北京烤鸭 吗?　　　──　吃过。／没(有) 吃过。
　　　Nǐ chīguo Běijīng kǎoyā ma?　　　　　Chīguo.　　Méiyou chīguo.

2 「少し〜」

①　"一点儿"

　1）　"一点儿"＋(名詞)　──「少し（の〜）」

　　　我 吃了 一点儿 甜品。　　我 吃了 一点儿。
　　　Wǒ chīle yìdiǎnr tiánpǐn.　Wǒ chīle yìdiǎnr.

　2）　A＋"比"＋B＋形容詞＋"一点儿"　──「AはBより少し〜だ」

　　　＊AとBを客観的に比べ、その差が「少し」であることを表す。

　　　他 比 我 高 一点儿。
　　　Tā bǐ wǒ gāo yìdiǎnr.

②　"有点儿"

　　A＋"有点儿"＋形容詞　──「Aは少し〜だ」

　　＊Aが自分の期待値より「少し」劣ることを表し、マイナスの語感になる。

　　味道 有点儿 酸。
　　Wèidao yǒudiǎnr suān.

酱油
jiàngyóu
(醤油)

醋
cù
(お酢)

"吃醋"は「焼きもちを焼く」

说说练练
shuōshuo liànlian

① 「～したことがある」とその否定を言ってみましょう。　CD212

我　学过　汉语。　⇔　我　没(有)　学过　汉语。
Wǒ xuéguo Hànyǔ.　　　Wǒ méiyou xuéguo Hànyǔ.

爬过　富士山　　　　爬过　富士山
páguo Fùshìshān　　　páguo Fùshìshān

参加过　比赛　　　　参加过　比赛
cānjiāguo bǐsài　　　cānjiāguo bǐsài

| 汉语 | Hànyǔ | 名 | 中国語 |
| 参加 | cānjiā | 動 | 参加する |

② 「味がちょっと～」と言ってみましょう。　CD213

有点儿　咸
yǒudiǎnr xián

有点儿　甜
yǒudiǎnr tián

| 咸 | xián | 形 | 塩辛い |
| 甜 | tián | 形 | 甘い |

有点儿　辣
yǒudiǎnr là

③ 二人で会話しましょう。　CD214

A：桃子　味道　怎么样?
　　Táozi wèidao zěnmeyàng?

B：很　甜。
　　Hěn tián.

练习 A
liànxí

1 听写（音声を聞き、漢字を書き取りましょう。） CD215
　tīngxiě

① _____　② _____　③ _____

④ _____　⑤ _____　⑥ _____

2 填空（音声を聞き、空欄を埋めましょう。） CD216
　tiánkòng

① A：你喜欢吃_____菜吗？

　　B：_____。

② A：_____味道_____？

　　B：_____。放_____盐吧。

3 看 拼音 写 汉字、中 译 日（ピンインを漢字に直し、日本語に訳しましょう。）
　kàn pīnyīn xiě Hànzì　Zhōng yì Rì

① Mápódòufu yǒudiǎnr là.

　漢字_____　意味（　　　　　　　　　　　）

② Wǒ xuéguo yìdiǎnr.

　漢字_____　意味（　　　　　　　　　　　）

4 日 译 中（日本語を中国語に訳しましょう。）
　Rì yì Zhōng

① 私はトマトと卵の炒めものを食べたことがありません。

　漢字_____

② あなたは富士山に登ったことがありますか？

　漢字_____

第 21 课
Dì èrshíyī kè

🌿 夫である「私」は会社から定時に帰ってきました。

我：我　回来　了。
wǒ　Wǒ　huílai　le.

妻子：哟，今天　没有　加班。
qīzi　Yō,　jīntiān　méiyou　jiābān.

孩子：爸爸。爸爸　回来　了。
háizi　Bàba.　Bàba　huílai　le.

我：小　宝贝。来，让　爸爸　抱抱。
wǒ　Xiǎo　bǎobèi.　Lái,　ràng　bàba　bàobao.

> 私：ただいま。
> 妻：あら、今日は残業がなかったのね。
> 子供：パパ。お帰りなさい。
> 私：いい子だね。さあ、パパに抱っこさせて。

💗 家族 💗

丈夫
zhàngfu
（夫）

妻子
qīzi
（妻）

生词　shēngcí　　CD219

- 回来　huílai　　帰って来る
- 妻子　qīzi　[名]妻
- 哟　yō　[感]あら
- 加班　jiābān　[動]残業する
- 孩子　háizi　[名]子ども
- 小宝贝　xiǎo bǎobèi　[名]（子供に対する愛称）かわいい子、いい子
- 让　ràng　[動]〜させる
- 抱　bào　[動]抱く
- 借来　jièlai　借りて来る
- 小说　xiǎoshuō　[名]小説
- 出去　chūqu　出て行く、出かける
- 留学　liúxué　[動]留学する

语法说明　yǔfǎ shuōmíng　　CD220

1　方向補語

＊動作の方向を表す。

動詞＋"来"　——　「〜して来る」

我 借来了 一 本 小说。
Wǒ jièlaile yì běn xiǎoshuō.

動詞＋"去"　——　「〜して行く」

他 出去 了。
Tā chūqu le.

2　使役を表すいい方　A＋"让"／"叫"＋B＋動詞　——　「AはBに〜させる」

你 让 我 也 去 吧。
Nǐ ràng wǒ yě qù ba.

让 爸爸 抱抱。
Ràng bàba bàobao.

＊否定の"不"は"让／叫"の前に置く。

爸爸 不 让 我 去 留学。
Bàba bú ràng wǒ qù liúxué.

儿子
érzi
（息子）

女儿
nǚ'ér
（娘）

说说练练
shuōshuo liànlian

① 「～して来る」「～して行く」のいい方を練習しましょう。　CD222

　　他 进来 了。
　　Tā jìnlai le.

　　他 出去 了。
　　Tā chūqu le.

　　电梯 上来 了。
　　Diàntī shànglai le.

　　电梯 下去 了。
　　Diàntī xiàqu le.

进来	jìnlai	入って来る
上来	shànglai	上がって来る
下去	xiàqu	下りて行く

② 「～させて」といういい方を練習しましょう。　CD223

　　让 我 看 一下。
　　Ràng wǒ kàn yíxià.

　　　 尝 一下
　　　 cháng yíxià　　　　好。／不行。
　　　　　　　　　　　　　Hǎo.　Bùxíng.
　　　 用 一下
　　　 yòng yíxià

③ 二人で会話しましょう。　CD224

　　A：我 回来 了。　　B：回来 了。
　　　 Wǒ huílai le.　　　 Huílai le.
　　　 ただいま。　　　　 お帰り。

　　A：我 走 了。　　　 B：……　　　　ちょっと寂しい！
　　　 Wǒ zǒu le.
　　　 行ってきます。　　　（無言）

练习 A
liànxí

1 听写（音声を聞き、漢字を書き取りましょう。） CD 225
tīngxiě

① _____ ② _____ ③ _____

④ _____ ⑤ _____ ⑥ _____

2 填空（音声を聞き、空欄を埋めましょう。） CD 226
tiánkòng

① A：_____洗手间。

　B：_____。_____。你用吧。

② A：电梯_____。

　B：我们坐吧。

3 看 拼音 写 汉字、中 译 日（ピンインを漢字に直し、日本語に訳しましょう。）
　 kàn pīnyīn xiě Hànzì　Zhōng yì Rì

① Diàntī zěnme bú xiàlai?

漢字_____　意味（　　　　　　　　　　）

② Jīntiān wǒ jiābān le.

漢字_____　意味（　　　　　　　　　　）

4 日 译 中（日本語を中国語に訳しましょう。）
　 Rì　yì Zhōng

① お母さんは出かけました。家にいません。

漢字_____

② 私も行かせてください。

漢字_____

第 22 课
Dì èrshi'èr kè

🌿 授業が終わった教室で。「私」の友だち、由美さんがケーキを取り出して……

由美：这 是 我 做 的 草莓 蛋糕。
Yóuměi　Zhè　shì　wǒ　zuò　de　cǎoméi　dàngāo.

我：你 会 做 蛋糕！ 真 厉害！
wǒ　Nǐ　huì　zuò　dàngāo!　Zhēn　lìhai!

由美：你 尝尝。 味道 怎么样？
Yóuměi　Nǐ　chángchang.　Wèidao　zěnmeyàng?

我：（一口食べて）哇！ 太 好吃 了。
wǒ　　　　　　　Wā!　Tài　hǎochī　le.

> 由美：これ、私が作ったイチゴケーキ。
> 私：ケーキが作れるんだ！すごい！
> 由美：食べてみて。味はどう？
> 私：わお！めちゃくちゃ美味しい。

❤ スイーツいろいろ ❤

冰淇淋
bīngqílín
（アイスクリーム）

布丁
bùdīng
（プリン）

第22课

生词 shēngcí CD 229

- ☑ 会　　huì　　[助動] ～できる
- ☑ 厉害　　lìhai　　[形] すごい
- ☑ 开车　　kāichē　　[動] 車を運転する

语法说明 yǔfǎ shuōmíng CD 230

1 名詞を修飾するいい方　　A+"的"+B

我　的　衣服　　［名詞+"的"+名詞］
wǒ　de　yīfu

有名　的　歌手　　［形容詞+"的"+名詞］
yǒumíng　de　gēshǒu

我　做　的　蛋糕　　［動詞フレーズ+"的"+名詞］
wǒ　zuò　de　dàngāo

2 助動詞"会"　　"会"+動詞 ──「～できる」

我 会 开车。
Wǒ huì kāichē.

我 不 会 开车。
Wǒ bú huì kāichē.

苹果派
píngguǒpài
（アップルパイ）

珍珠奶茶
zhēnzhūnǎichá
（タピオカミルクティー）

说说练练
shuōshuo liànlian

① 名詞を修飾するいい方を練習しましょう。　CD232

 我 画 的 漫画
wǒ huà de mànhuà

 我 包 的 饺子
wǒ bāo de jiǎozi

 我 做 的 菜
wǒ zuò de cài

包	bāo	[動]包む
包饺子	bāo jiǎozi	餃子を作る

② 自分のできるスポーツ、できないスポーツを言ってみましょう。　CD233

我 会 踢 足球。 ⇔ 我 不 会 踢 足球。
Wǒ huì tī zúqiú.　　Wǒ bú huì tī zúqiú.

　　打 棒球　　　　　　打 棒球
　　dǎ bàngqiú　　　　dǎ bàngqiú

　　游泳　　　　　　　游泳
　　yóuyǒng　　　　　yóuyǒng

③ 二人で会話しましょう。　CD234

A：给，这 是 送 你 的 生日 礼物。　　B：　真的？太 高兴 了。
　　Gěi, zhè shì sòng nǐ de shēngrì lǐwù.　　　Zhēnde? Tài gāoxìng le.

はい。
(プレゼントを差し出しながら)

给	gěi	[動]あげる
送	sòng	[動]贈る
礼物	lǐwù	[名]プレゼント

练习 A
liànxí

1 划线 （音声を聞き、左右の語句を線で結びましょう。） CD 235
huàxiàn

我喜欢的 •　　　• 书

我看的 •　　　• 歌手

我做的 •　　　• 毛衣

我唱的 •　　　• 饺子

我穿的 •　　　• 苹果派

我包的 •　　　• 歌儿

穿　chuān　動　着る

2 填空 （音声を聞き、空欄を埋めましょう。） CD 236
tiánkòng

A：你学过＿＿＿＿＿＿＿＿？

B：学过。

A：你＿＿＿＿＿＿＿＿吗？

B：＿＿＿＿＿＿＿＿。

3 看 拼音 写 汉字、中 译 日 （ピンインを漢字に直し、日本語に訳しましょう。）
kàn pīnyīn xiě Hànzì　Zhōng yì Rì

① Tā shì yíge yǒumíng de gēshǒu.

漢字＿＿＿＿＿＿＿＿＿＿＿＿＿＿　意味（　　　　　　　　　　）

② Nǐ huì yóuyǒng ma?

漢字＿＿＿＿＿＿＿＿＿＿＿＿＿＿　意味（　　　　　　　　　　）

4 日 译 中 （日本語を中国語に訳しましょう。）
Rì yì Zhōng

① 私が作った中国料理はおいしいです。

漢字＿＿＿＿＿＿＿＿＿＿＿＿＿＿＿＿＿＿＿＿＿＿

② 私は運転ができません。

漢字＿＿＿＿＿＿＿＿＿＿＿＿＿＿＿＿＿＿＿＿＿＿

第 23 课
Dì èrshisān kè

🌿 朝。大学生の翔平くんの家。「私」は翔平くん役です。

CD 237
CD 238

妈妈：翔平， 今天 起得 这么 早 啊。
māma　Xiángpíng, jīntiān qǐde zhème zǎo a.

我：嗯。 今天 跟 朋友 出去 玩儿。
wǒ　Ǹg.　Jīntiān gēn péngyou chūqu wánr.

妈妈：跟 谁 出去 玩儿？ 女朋友？
māma　Gēn shéi chūqu wánr?　Nǚpéngyou?

我：妈妈， 你 管得 太 宽 了。
wǒ　Māma, nǐ guǎnde tài kuān le.

母：翔平、今日は起きるのが早いわね。
私：うん。今日は友達と出かけるんだ。
母：だれとお出かけ？彼女？
私：おかあちゃん、おせっかいだよ。

💕 いろいろな花 💕

CD 241

樱花
yīnghuā
（さくら）

梅花
méihuā
（梅）

生词 shēngcí 　CD 239

☐ 起	qǐ	動 起きる	☐ 跟	gēn	前 〜と
☐ 得	de	助 (様態補語に用いる)	☐ 女朋友	nǚpéngyou	名 ガールフレンド
☐ 这么	zhème	代 こんなに ⇔ 那么 nàme			⇔ 男朋友 nánpéngyou
☐ 早	zǎo	形 早い ⇔ 晚 wǎn	☐ 宽	kuān	形 広い

语法说明 yǔfǎ shuōmíng 　CD 240

1　様態補語　　動詞＋"得"＋形容詞

*動作、行為の様子や状態を表す。

管・得・宽 ——— 「干渉する」＋「その状態が・広い」 ⇒ 干渉し過ぎる
guǎn　de　kuān

起・得・早 ——— 「起きる」＋「その状態が・早い」 ⇒ 早く起きる
qǐ　de　zǎo

*動詞に目的語が付いている場合は、動詞を繰り返す。
　また、1つめの動詞は省略することができる。

(動詞)＋目的語＋動詞＋"得"＋形容詞

她（说）汉语 说 得 很 好。
Tā　shuō　Hànyǔ shuō de　hěn　hǎo.

玫瑰花
méiguìhuā
（バラ）

郁金香
yùjīnxiāng
（チューリップ）

说 说 练 练
shuōshuo liànlian

① 「～するのが…だ」のいい方を練習しましょう。　CD242

他 走得 很 快。　⇔　他 走得 不 快。
Tā zǒude hěn kuài.　　Tā zǒude bú kuài.

吃得　　　　　吃得
chīde　　　　　chīde

他 说得 很 好。　他 说得 不 好。
Tā shuōde hěn hǎo.　Tā shuōde bù hǎo.

唱得　　　　　唱得
chàngde　　　　chàngde

② 疑問詞「"谁"」を使って会話しましょう。　CD243

飲み会のとき：

谁 喝 啤酒？ ——— （手を挙げて）我。
Shéi hē píjiǔ?　　　　　　　Wǒ.

知らない人のことを聞くとき：

他 是 谁？ ——— 他 是 我 同学。
Tā shì shéi?　　　Tā shì wǒ tóngxué.

ドアがノックされたとき：

谁 啊？ ——— 是 我。
Shéi a?　　　　Shì wǒ.

③ 二人で会話しましょう。　CD244

A：你 汉语 说得 真 好！
　　Nǐ Hànyǔ shuōde zhēn hǎo!

B：马马虎虎 吧。
　　Mǎmahūhū ba.

（普通だよ。）

练习 A
liànxí

1 听写（音声を聞き、漢字を書き取りましょう。） CD 245
　　tīngxiě

① _____　② _____　③ _____

④ _____　⑤ _____　⑥ _____

2 填空（音声を聞き、空欄を埋めましょう。） CD 246
　　tiánkòng

　　A：这_____？

　　B：是我_____。

　　A：是吗？他_____？

　　B：他_____。

3 看 拼音 写 汉字、 中 译 日（ピンインを漢字に直し、日本語に訳しましょう。）
　　kàn pīnyīn xiě Hànzì　Zhōng yì Rì

① A：Nǐ jīntiān qǐde bù zǎo.

　　漢字_____　意味（　　　　　　　　　　）

　B：Jīntiān xīngqītiān ma.

　　漢字_____　意味（　　　　　　　　　　）

② A：Nǐ gēn shéi qù lǚyóu?

　　漢字_____　意味（　　　　　　　　　　）

　B：Wǒ gēn jiāli rén qù.

　　漢字_____　意味（　　　　　　　　　　）

| 家里人　jiāli rén　名 家族 |

第 24 课
Dì èrshisì kè

🍃 ある会社の休憩室。同僚同士の何気ない会話。

我: 元旦 你 能 休息 几 天?
wǒ   Yuándàn nǐ néng xiūxi jǐ tiān?

同事: 大概 三 四 天 吧。
tóngshì Dàgài sān sì tiān ba.

我: 你 打算 干 什么?
wǒ Nǐ dǎsuan gàn shénme?

同事: 还 没 决定。
tóngshì Hái méi juédìng.

私：お正月、何日休めるの？
同僚：だいたい3・4日かな。
私：何をする予定なの？
同僚：まだ決まってないよ。

💗 いろいろな休み 💗

暑假
shǔjià
(夏休み)

寒假
hánjià
(冬休み)

生词　shēngcí

- 能　néng　[助動]　～できる
- 天　tiān　[量]　～日間
- 大概　dàgài　[副]　たぶん
- 打算　dǎsuan　[動]　～するつもりである
- 还　hái　[副]　まだ
- 决定　juédìng　[動]　決める
- 住　zhù　[動]　泊まる

语法说明　yǔfǎ shuōmíng

1　助動詞"能"　　"能"＋動詞　──「～できる」

我　能　参加。
Wǒ néng cānjiā.

cf. "会"…技能があって「できる」

我　会　弹　钢琴。
Wǒ huì tán gāngqín.

"能"…条件を満たしているので「できる」

我　能　休息　两　天。
Wǒ néng xiūxi liǎng tiān.

2　時量補語　　動詞＋時間量　──「(どれぐらいの時間)～する」

我　住　两　天。
Wǒ zhù liǎng tiān.

一　天　／　两　个　星期　／　三　个　月　／　四　年
yì tiān　　liǎng ge xīngqī　　sān ge yuè　　sì nián

3　動詞"打算"　　"打算"＋動詞　──「～するつもりである」

我　不　打算　参加。
Wǒ bù dǎsuan cānjiā.

春假
chūnjià
(春休み)

黄金周
huángjīnzhōu
(ゴールデンウィーク)

说说练练
shuōshuo liànlian

① 「～ができる」といういい方を練習しましょう。　CD252

我　能　参加。　⇔　我　不　能　参加。
Wǒ néng cānjiā.　　Wǒ bù néng cānjiā.

回答　　　　　　　回答
huídá　　　　　　　huídá

加班　　　　　　　加班
jiābān　　　　　　jiābān

② 「動詞＋時間量」のフレーズを言ってみましょう。　CD253

住　两　天
zhù liǎng tiān

学　两　年
xué liǎng nián

等　一　个　星期
děng yí ge xīngqī

③ 将来の職業について会話しましょう。　CD254

你　将来　打算　干　什么　工作?
Nǐ jiānglái dǎsuan gàn shénme gōngzuò?

| 将来 | jiānglái | 名 | 将来 |
| 当 | dāng | 動 | 務める、従事する |

我　打算　当　空姐。
Wǒ dǎsuan dāng kōngjiě.

我　打算　当　公司　职员。
Wǒ dǎsuan dāng gōngsī zhíyuán.

我　还　没　决定。
Wǒ hái méi juédìng.

114

练习 A
liànxí

1 听写 （音声を聞き、漢字を書き取りましょう。） CD 255
tīngxiě

① _____ ② _____ ③ _____

④ _____ ⑤ _____ ⑥ _____

2 填空 （音声を聞き、空欄を埋めましょう。） CD 256
tiánkòng

A：你＿＿＿＿打算＿＿＿＿？

B：＿＿＿＿公务员。＿＿＿＿？

A：＿＿＿＿。

B：都很难。

A：是啊。我们加油吧。

3 看 拼音 写 汉字、中 译 日 （ピンインを漢字に直し、日本語に訳しましょう。）
kàn pīnyīn xiě Hànzì Zhōng yì Rì

① A：Nǐ dǎsuan zài zhèr zhù jǐ tiān?

　　漢字＿＿＿＿＿＿＿＿＿　意味（　　　　　　　　　）

　B：Zhù sān tiān.

　　漢字＿＿＿＿＿＿＿＿＿　意味（　　　　　　　　　）

② A：Dàjiā qù hē jiǔ. Nǐ néng lái ma?

　　漢字＿＿＿＿＿＿＿＿＿　意味（　　　　　　　　　）

　B：Duìbuqǐ. Wǒ bù néng qù.

　　漢字＿＿＿＿＿＿＿＿＿　意味（　　　　　　　　　）

さあ、これでおしまい！
役を十分に楽しめましたか？
なんですって？
まだやりたい？
では、中国語の次のステージに
向かいましょう！
その前に、時々音声を聞いて、
セリフを復習しましょうね。

第 1 课 　　　　　　　　　　　　　　　　　　　　　　　练习 B

1 听写 （音声を聞き、漢字を書き取りましょう。）　CD 2-57
tīngxiě

① _____　② _____　③ _____

④ _____　⑤ _____　⑥ _____

2 填空 （音声を聞き、空欄を埋めましょう。）　CD 2-58
tiánkòng

A：_____ ，_____ 星期几?

B：_____ 。

A：元旦 _____ ?

B：_____ 。

3 看 拼音 写 汉字、 中 译 日 （ピンインを漢字に直し、日本語に訳しましょう。）
　　kàn pīnyīn xiě Hànzì　Zhōng yì Rì

① Jīntiān wǔyuè shíqī hào.

　漢字_____　意味（　　　　　　　　　　　）

② Míngtiān xīngqīwǔ.

　漢字_____　意味（　　　　　　　　　　　）

第 2 课　　　　　　　　　　　　　　　　　　　　　　　　　练习 B
　　　　　　　　　　　　　　　　　　　　　　　　　　　　liànxí

1　听写（音声を聞き、漢字を書き取りましょう。）　CD 259
　　tīngxiě

　　① _____　② _____　③ _____

　　④ _____　⑤ _____　⑥ _____

2　填空（音声を聞き、空欄を埋めましょう。）　CD 260
　　tiánkòng

　　A：你朋友_____？

　　B：他_____。

　　A：_____？

　　B：_____。

3　看 拼音 写 汉字、中 译 日（ピンインを漢字に直し、日本語に訳しましょう。）
　　kàn pīnyīn xiě Hànzì　Zhōng yì Rì

　　① Wǒ de shēngrì shí'èr yuè sānshiyī hào.

　　　　汉字_____　意味（　　　　　　　　　　　　　）

　　② Wǒ sìshiqī suì.

　　　　汉字_____　意味（　　　　　　　　　　　　　）

第3课 　　　　　　　　　　　　　　　　　　　　　　　　练习 B
　　　　　　　　　　　　　　　　　　　　　　　　　　　　liànxí

1　听写（音声を聞き、漢字を書き取りましょう。）　CD 261
　　tīngxiě

① _____　② _____　③ _____

④ _____　⑤ _____　⑥ _____

2　填空（音声を聞き、空欄を埋めましょう。）　CD 262
　　tiánkòng

① A：_____ 了。

　 B：我 _____ 。

② A：_____ 。

　 B：我 _____ 。

3　看 拼音 写 汉字、中 译 日（ピンインを漢字に直し、日本語に訳しましょう。）
　　kàn pīnyīn xiě Hànzì Zhōng yì Rì

① Tā yǐjīng bāshí suì le.

　 漢字_____　意味（　　　　　　　　　　　）

② Kuài chīfàn!

　 漢字_____　意味（　　　　　　　　　　　）

4　日 译 中（日本語を中国語に訳しましょう。）
　　Rì yì Zhōng

① 今はもう九時十五分になりました。

　 漢字_____

② 気候は暑くなりました。

　 漢字_____

第4课　　　　　　　　　　　　　　　　　　　　　练习 B
　　　　　　　　　　　　　　　　　　　　　　　　　liànxí

1　听写（音声を聞き、漢字を書き取りましょう。）　CD 263
　　tīngxiě

① _____　② _____　③ _____

④ _____　⑤ _____　⑥ _____

2　填空（音声を聞き、空欄を埋めましょう。）　CD 264
　　tiánkòng

① A：_____一共_____？

　　B：一千八百_____。

② A：你_____？

　　B：_____。

3　看 拼音 写 汉字、中 译 日（ピンインを漢字に直し、日本語に訳しましょう。）
　　kàn pīnyīn xiě Hànzì　Zhōng yì Rì

① Wǒ mǎi yí ge miànbāo.

　　漢字_____　意味（　　　　　　　　　　　　　　　）

② Yígòng èrshiwǔ ge rén.

　　漢字_____　意味（　　　　　　　　　　　　　　　）

4　日 译 中（日本語を中国語に訳しましょう。）
　　Rì　yì Zhōng

① あなたは買い物をしますか？

　　漢字_____

② 私はのどが渇きました。飲み物を買います。

　　漢字_____

第 5 课　　　　　　　　　　　　　　　　　　　　　　　　　练习 B
　　　　　　　　　　　　　　　　　　　　　　　　　　　　　liànxí

1　听写（音声を聞き、漢字を書き取りましょう。）　CD 265
　　　tīngxiě

　　① _____　② _____　③ _____

　　④ _____　⑤ _____　⑥ _____

2　填空（音声を聞き、空欄を埋めましょう。）　CD 266
　　　tiánkòng

　　① A：你 _____ 吗?

　　　 B：_____。你 _____?

　　② A：你们公司的 _____ 是多少?

　　　 B：_____。

3　看 拼音 写 汉字、中 译 日（ピンインを漢字に直し、日本語に訳しましょう。）
　　　kàn pīnyīn xiě Hànzì　Zhōng yì Rì

　　① Tā shì chúshī.

　　　漢字 _____　意味（　　　　　　　　　　）

　　② Wǒ jì yíxià.

　　　漢字 _____　意味（　　　　　　　　　　）

4　日 译 中（日本語を中国語に訳しましょう。）
　　　Rì yì Zhōng

　　① 兄は大学生ではなく、公務員です。

　　　漢字 _____

　　② あなたの携帯電話は何番ですか？

　　　漢字 _____

第 6 课

练习 B
liànxí

1　听写（音声を聞き、漢字を書き取りましょう。）　CD 267
tīngxiě

① _____　② _____　③ _____

④ _____　⑤ _____　⑥ _____

2　填空（音声を聞き、空欄を埋めましょう。）　CD 268
tiánkòng

① A：这是_____吗？

　B：_____。你们_____？

② A：要_____、_____。

　B：_____。

3　看 拼音 写 汉字、中 译 日（ピンインを漢字に直し、日本語に訳しましょう。）
　　kàn pīnyīn xiě Hànzì　Zhōng yì Rì

① Zhèibianr qǐng.

　漢字_____　意味（　　　　　　　　　　　　　）

② Wǒ yào liǎng ge zhèige.

　漢字_____　意味（　　　　　　　　　　　　　）

4　日 译 中（日本語を中国語に訳しましょう。）
　　Rì　yì Zhōng

① 私は飲み物はいりません。

　漢字_____

② あなたはどんなカップ麺を買いますか？

　漢字_____

第7课 练习 B
liànxí

1 听写 （音声を聞き、漢字を書き取りましょう。） CD 269
tīngxiě

① _____ ② _____ ③ _____

④ _____ ⑤ _____ ⑥ _____

2 填空 （音声を聞き、空欄を埋めましょう。） CD 270
tiánkòng

① A：_____水果蛋糕_____巧克力蛋糕?

　B：_____。

② A：你_____?

　B：我_____。

3 看 拼音 写 汉字、中 译 日 （ピンインを漢字に直し、日本語に訳しましょう。）
kàn pīnyīn xiě Hànzì Zhōng yì Rì

① Wǒ māma zài jiā zuò jiāwù.

　漢字_____ 意味（　　　　　　　　　）

② Tāmen qù Yìdàlì lǚyóu.

　漢字_____ 意味（　　　　　　　　　）

4 日 译 中 （日本語を中国語に訳しましょう。）
Rì yì Zhōng

① 彼は会社に出勤します。

　漢字_____

② 私は果物を買いに行きます。

　漢字_____

第 8 课　　　　　　　　　　　　　　　　　　　　　　　练习 B
　　　　　　　　　　　　　　　　　　　　　　　　　　liànxí

1　听写（音声を聞き、漢字を書き取りましょう。）　CD 271
　　tīngxiě

　　① _____　　② _____　　③ _____

　　④ _____　　⑤ _____　　⑥ _____

2　划线（音声を聞き、色と服装を線で結びましょう。）　CD 272
　　huàxiàn

　　　白色　　•　　　　•　帽子

　　　粉红色　•　　　　•　牛仔裤

　　　黄色　　•　　　　•　毛衣

　　　黑色　　•　　　　•　连衣裙

3　看 拼音 写 汉字、中 译 日（ピンインを漢字に直し、日本語に訳しましょう。）
　　kàn pīnyīn xiě Hànzì Zhōng yì Rì

　　① Nǐ xǐhuan shénme yánsè de?

　　　漢字＿＿＿＿＿＿＿＿＿＿＿＿＿＿　意味（　　　　　　　　　　　　　　）

　　② Wǒ xǐhuan zhèi jiàn máoyī.

　　　漢字＿＿＿＿＿＿＿＿＿＿＿＿＿＿　意味（　　　　　　　　　　　　　　）

4　日 译 中（日本語を中国語に訳しましょう。）
　　Rì yì Zhōng

　　① 中国人は赤い色が好きです。

　　　漢字＿＿＿＿＿＿＿＿＿＿＿＿＿＿＿＿＿＿＿＿＿＿＿＿＿＿＿＿＿＿

　　② このジーンズはお似合いです。

　　　漢字＿＿＿＿＿＿＿＿＿＿＿＿＿＿＿＿＿＿＿＿＿＿＿＿＿＿＿＿＿＿

第9课　　　　　　　　　　　　　　　　　　　　　　　　　练习 B
　　　　　　　　　　　　　　　　　　　　　　　　　　　liànxí

1 听写（音声を聞き、漢字を書き取りましょう。）　CD 273
　　tīngxiě

　　① _____　② _____　③ _____

　　④ _____　⑤ _____　⑥ _____

2 填空（音声を聞き、空欄を埋めましょう。）　CD 274
　　tiánkòng

　　A：东京_____？

　　B：_____。

　　A：_____方便吗？

　　B：_____。

3 看 拼音 写 汉字、中 译 日（ピンインを漢字に直し、日本語に訳しましょう。）
　　kàn pīnyīn xiě Hànzì　Zhōng yì Rì

　　① Zuìjìn gōngzuò bù máng.

　　　漢字_____　意味（　　　　　　　　　）

　　② Dàjiā gāoxìng ma?

　　　漢字_____　意味（　　　　　　　　　）

4 日 译 中（日本語を中国語に訳しましょう。）
　　Rì yì Zhōng

　　① この帽子は可愛いですか？

　　　漢字_____

　　② あなたの友人は超かっこいいですね。

　　　漢字_____

第 10 课　　　　　　　　　　　　　　　　　　　　　　练习 B
　　　　　　　　　　　　　　　　　　　　　　　　　　liànxí

1 听写（音声を聞き、漢字を書き取りましょう。）　CD 275
　　tīngxiě

　　① _____　② _____　③ _____

　　④ _____　⑤ _____　⑥ _____

2 填空（音声を聞き、空欄を埋めましょう。）　CD 276
　　tiánkòng

　　A：你哥哥_____？

　　B：_____。

　　A：_____二十八岁了？

　　B：_____。_____医生。

3 看 拼音 写 汉字、中 译 日（ピンインを漢字に直し、日本語に訳しましょう。）
　　kàn pīnyīn xiě Hànzì　Zhōng yì Rì

　　① Zhèige táozi bǐ nèige dà.

　　　漢字_____　意味（　　　　　　　　　　　　）

　　② Kǎoshì yìdiǎnr yě bù nán.

　　　漢字_____　意味（　　　　　　　　　　　　）

4 日 译 中（日本語を中国語に訳しましょう。）
　　Rì yì Zhōng

　　① この服はあれより安いです。

　　　漢字_____

　　② 私は弟ほど背が高くありません。

　　　漢字_____

第 11 课 　　　　　　　　　　　　　　　　　　　　　练习 B
　　　　　　　　　　　　　　　　　　　　　　　　　　liànxí

1　听写（音声を聞き、漢字を書き取りましょう。）　　CD 277
　　tīngxiě

　　① _____　② _____　③ _____

　　④ _____　⑤ _____　⑥ _____

2　填空（音声を聞き、空欄を埋めましょう。）　　CD 278
　　tiánkòng

　　① A：我们 _____ 吧。

　　　B：_____ 。

　　② A：_____ 麻婆豆腐、_____ 。

　　　B：_____ 。

3　看 拼音 写 汉字、 中 译 日（ピンインを漢字に直し、日本語に訳しましょう。）
　　kàn pīnyīn xiě Hànzì　Zhōng yì Rì

　　① Lái yì bēi kāfēi.

　　　漢字 _____　意味（　　　　　　　　　　　　）

　　② Wǒmen qù kuàicāndiàn chīfàn ba.

　　　漢字 _____　意味（　　　　　　　　　　　　）

4　日 译 中（日本語を中国語に訳しましょう。）
　　Rì yì Zhōng

　　① 私はコンビニに行きます。あなたは？

　　　漢字 _____

　　② ラーメンを二つ下さい。

　　　漢字 _____

第 12 课

练习 B liànxí

1 听写 （音声を聞き、漢字を書き取りましょう。） CD 279
tīngxiě

① _____ ② _____ ③ _____

④ _____ ⑤ _____ ⑥ _____

2 画 画儿 （音声を聞き、絵を書きましょう。） CD 280
huà huàr

① ②

3 看 拼音 写 汉字、中 译 日 （ピンインを漢字に直し、日本語に訳しましょう。）
kàn pīnyīn xiě Hànzì Zhōng yì Rì

① Wǒ zhǐ jiè zhèi běn shū.

漢字_____ 意味（ ）

② Tā gèzi gāo ma?

漢字_____ 意味（ ）

4 日 译 中 （日本語を中国語に訳しましょう。）
Rì yì Zhōng

① 彼女は脚が長いです。

漢字_____

② 東京は交通が便利です。

漢字_____

第13课 练习 B
liànxí

1 听写 （音声を聞き、漢字を書き取りましょう。） CD 281
tīngxiě

① _____ ② _____ ③ _____

④ _____ ⑤ _____ ⑥ _____

2 填空 （音声を聞き、空欄を埋めましょう。） CD 282
tiánkòng

① A：_____。

　 B：那我晚上买。

　 晚上 wǎnshang 夜

② A：太郎，桌子上_____。

　 B：真_____！

3 看 拼音 写 汉字、 中 译 日 （ピンインを漢字に直し、日本語に訳しましょう。）
kàn pīnyīn xiě Hànzì　Zhōng yì Rì

① Wǒ xiǎng shàng xǐshǒujiān.

　 漢字_____ 意味（　　　　　　　　　　）

② Xuéxiàoli yǒu liǎng ge shítáng.

　 漢字_____ 意味（　　　　　　　　　　）

4 日 译 中 （日本語を中国語に訳しましょう。）
Rì yì Zhōng

① 図書館にはたくさんの人がいます。

　 很多人 hěn duō rén たくさんの人

　 漢字_____

② 机の上にはものがありません。

　 漢字_____

第 14 课

练习 B
liànxí

1 听写 (音声を聞き、漢字を書き取りましょう。) CD 283
tīngxiě

① _____ ② _____ ③ _____

④ _____ ⑤ _____ ⑥ _____

2 填空 (音声を聞き、空欄を埋めましょう。) CD 284
tiánkòng

A：_____ 超市吗？

B：_____ 大超市。

A：东西 _____ 吗？

B：_____ 。

3 看 拼音 写 汉字、中 译 日 (ピンインを漢字に直し、日本語に訳しましょう。)
kàn pīnyīn xiě Hànzì　Zhōng yì Rì

① Xǐshǒujiānli yǒu rén.

漢字_____ 意味（　　　　　　　　　　　）

② Yínháng zài chēzhàn fùjìn.

漢字_____ 意味（　　　　　　　　　　　）

4 日 译 中 (日本語を中国語に訳しましょう。)
Rì yì Zhōng

① 私は喫茶店にいます。

漢字_____

② あなたはどこにいますか？

漢字_____

第15课 练习 B
liànxí

1 听写 （音声を聞き、漢字を書き取りましょう。） CD 285
tīngxiě

① _____ ② _____ ③ _____

④ _____ ⑤ _____ ⑥ _____

2 填空 （音声を聞き、空欄を埋めましょう。） CD 286
tiánkòng

A：_____宠物吗？

B：_____。_____。

A：你家_____吗？

B：有。_____。

3 看 拼音 写 汉字、 中 译 日 （ピンインを漢字に直し、日本語に訳しましょう。）
kàn pīnyīn xiě Hànzì Zhōng yì Rì

① Tā xǐhuan tīng yǎnchànghuì.

漢字_____ 意味（　　　　　　　　　　）

② Dàjiā hěn máng, méiyǒu shíjiān.

漢字_____ 意味（　　　　　　　　　　）

4 日 译 中 （日本語を中国語に訳しましょう。）
Rì yì Zhōng

① 私たちカラオケに行きましょう。

漢字_____

② 私には弟が一人います。

漢字_____

第 16 课

练习 B
liànxí

1 听写（音声を聞き、漢字を書き取りましょう。） CD 287
tīngxiě

① _____ ② _____ ③ _____

④ _____ ⑤ _____ ⑥ _____

2 填空（音声を聞き、空欄を埋めましょう。） CD 288
tiánkòng

A：_____ 吗?

B：_____。

A：你 _____ 大学?

B：我 _____。

3 看 拼音 写 汉字、中 译 日（ピンインを漢字に直し、日本語に訳しましょう。）
kàn pīnyīn xiě Hànzì Zhōng yì Rì

① Qǐngwèn, qù Dōngjīng chēzhàn zěnme zǒu?

　漢字_____ 意味（　　　　　　　　　　　）

② Bàba zuò gōngjiāochē shàngbān.

　漢字_____ 意味（　　　　　　　　　　　）

4 日 译 中（日本語を中国語に訳しましょう。）
Rì yì Zhōng

① この携帯は使いやすいです。

　漢字_____

② 私はあなたをスーパーマーケットに連れていきましょう。

　漢字_____

第 17 课

练习 B
liànxí

1 听写（音声を聞き、漢字を書き取りましょう。） CD 289
tīngxiě

① _____ ② _____ ③ _____

④ _____ ⑤ _____ ⑥ _____

2 填空（音声を聞き、空欄を埋めましょう。） CD 290
tiánkòng

A：妈妈呢？

B：她_____。

A：_____？

B：他在房间_____。

3 看 拼音 写 汉字、 中 译 日（ピンインを漢字に直し、日本語に訳しましょう。）
kàn pīnyīn xiě Hànzì Zhōng yì Rì

① Lǎoshī zhèngzài shuōhuà.

　漢字_____ 意味（　　　　　　　　　　　　）

② Nǐ bié mǎi zhèi jiàn yīfu.

　漢字_____ 意味（　　　　　　　　　　　　）

4 日 译 中（日本語を中国語に訳しましょう。）
Rì yì Zhōng

① お父さんはお風呂に入っています。

　漢字_____

② 図書館で話をしないで。

　漢字_____

第 18 课

练习 B
liànxí

1 听写（音声を聞き、漢字を書き取りましょう。） CD 291
tīngxiě

① _____ ② _____ ③ _____

④ _____ ⑤ _____ ⑥ _____

2 填空（音声を聞き、空欄を埋めましょう。） CD 292
tiánkòng

A：你_____？

B：我_____穿衣服_____。

A：_____吗？

B：_____。走吧。

| 穿 chuān 動 着る |

3 看 拼音 写 汉字、中 译 日（ピンインを漢字に直し、日本語に訳しましょう。）
kàn pīnyīn xiě Hànzì Zhōng yì Rì

① Wǒ chīwán le.

　漢字_____ 意味（　　　　　　　　　　　　）

② Zhèige xuésheng dáduì le.

　漢字_____ 意味（　　　　　　　　　　　　）

4 日 译 中（日本語を中国語に訳しましょう。）
Rì yì Zhōng

① あなたは聞き取れましたか？

　漢字_____

② あなたはなぜ行かないのですか？

　漢字_____

第 19 课

练习 B
liànxí

1 听写（音声を聞き、漢字を書き取りましょう。） CD 293
tīngxiě

① _____ ② _____ ③ _____

④ _____ ⑤ _____ ⑥ _____

2 填空（音声を聞き、空欄を埋めましょう。） CD 294
tiánkòng

A：_____ 呢？

B：_____。_____。

A：_____。

3 看 拼音 写 汉字、中 译 日（ピンインを漢字に直し、日本語に訳しましょう。）
kàn pīnyīn xiě Hànzì Zhōng yì Rì

① Wǒ qù kàn yīnghuā le.

漢字_____ 意味（　　　　　　　　　　）

② Wǒ xuéhuìle yí ge Zhōngguó gēr.

漢字_____ 意味（　　　　　　　　　　）

4 日 译 中（日本語を中国語に訳しましょう。）
Rì yì Zhōng

① 私は花火大会に行きました。

漢字_____

② 私たちは準備ができていません。

漢字_____

第 20 课　　　　　　　　　　　　　　　　　练习 B
liànxí

1　听写（音声を聞き、漢字を書き取りましょう。）　CD 295
tīngxiě

① _____　② _____　③ _____

④ _____　⑤ _____　⑥ _____

2　填空（音声を聞き、空欄を埋めましょう。）　CD 296
tiánkòng

A：你尝尝_____。

B：嗯?_____。

A：哎呀，_____放盐。

B：_____。现在放。

3　看 拼音 写 汉字、中 译 日（ピンインを漢字に直し、日本語に訳しましょう。）
kàn pīnyīn xiě Hànzì　Zhōng yì Rì

① Zhèige xīhóngshì yǒudiǎnr suān.

　漢字_____　意味（　　　　　　　　　　　　　　）

② Wǒ kànguo zúqiú bǐsài.

　漢字_____　意味（　　　　　　　　　　　　　　）

4　日 译 中（日本語を中国語に訳しましょう。）
Rì　yì Zhōng

① 私はスイーツを食べるのが好きです。

　漢字_____

② 私は北京ダックを食べたことがあります。

　漢字_____

第 21 课   练习 B liànxí

1 听写 （音声を聞き、漢字を書き取りましょう。） CD 297
tīngxiě

① _____　② _____　③ _____

④ _____　⑤ _____　⑥ _____

2 填空 （音声を聞き、空欄を埋めましょう。） CD 298
tiánkòng

① A：电梯_____。

　B：_____。

② A：_____电脑。

　B：_____。你用吧。

3 看 拼音 写 汉字、中 译 日 （ピンインを漢字に直し、日本語に訳しましょう。）
kàn pīnyīn xiě Hànzì　Zhōng yì Rì

① Ràng wǒ yòng yíxià nǐ jiā de xǐshǒujiān.

　漢字_____　意味（　　　　　　　　　　　）

② Háizi méiyou huílai.

　漢字_____　意味（　　　　　　　　　　　）

4 日 译 中 （日本語を中国語に訳しましょう。）
Rì　yì Zhōng

① 私にも見せて。

　漢字_____

② お母さんは出かけました。

　漢字_____

第 22 课

练习 B
liànxí

1 听写（音声を聞き、漢字を書き取りましょう。） CD 299
tīngxiě

① _____ ② _____ ③ _____

④ _____ ⑤ _____ ⑥ _____

2 填空（音声を聞き、空欄を埋めましょう。） CD 300
tiánkòng

A：_____ 做家务 _____ ？

B：_____ 。

A：那 _____ ？

B：_____ 一点儿。

3 看 拼音 写 汉字、中 译 日（ピンインを漢字に直し、日本語に訳しましょう。）
kàn pīnyīn xiě Hànzì Zhōng yì Rì

① Tā shì yí ge yǒumíng de chúshī.

漢字_____ 意味（　　　　　　　　　　　　）

② Zhōngguórén huì dǎ májiàng.

漢字_____ 意味（　　　　　　　　　　　　）

4 日 译 中（日本語を中国語に訳しましょう。）
Rì yì Zhōng

① あなたが作った麻婆豆腐は辛いです。

漢字_____

② 私は餃子が作れます。

漢字_____

第 23 课

练习 B
liànxí

1. 听写 （音声を聞き、漢字を書き取りましょう。） CD 301
tīngxiě

① _____ ② _____ ③ _____

④ _____ ⑤ _____ ⑥ _____

2. 填空 （音声を聞き、空欄を埋めましょう。） CD 302
tiánkòng

① A：_____ 去旅游？

　 B：_____ 家里人 _____ 。

② A：_____ 。

　 B：_____ 。

　　　　　　　　　　　　　家里人　jiāli rén　[名]家族

3. 看 拼音 写 汉字、中 译 日 （ピンインを漢字に直し、日本語に訳しましょう。）
kàn pīnyīn xiě Hànzì　Zhōng yì Rì

① Tā chàng gēr chàngde hěn hǎo.

　漢字_____　意味（　　　　　　　　　　）

② Nèige rén shì shéi?

　漢字_____　意味（　　　　　　　　　　）

4. 日 译 中 （日本語を中国語に訳しましょう。）
Rì yì Zhōng

① 彼は私の友人です。

　漢字_____

② あなたは今日起きるのが早いですね。

　漢字_____

第 24 课 练习 B
liànxí

1. 听写（音声を聞き、漢字を書き取りましょう。）CD 303

① _____　② _____　③ _____

④ _____　⑤ _____　⑥ _____

2. 填空（音声を聞き、空欄を埋めましょう。）CD 304
tiánkòng

A：黄金周_____？

B：大概_____。

A：出去_____？

B：去京都玩儿_____。

京都　Jīngdū　京都

3. 看 拼音 写 汉字、中 译 日（ピンインを漢字に直し、日本語に訳しましょう。）
kàn pīnyīn xiě Hànzì Zhōng yì Rì

① Wǒ xiǎng dāng gōngwùyuán.

   漢字_____　意味（　　　　　　　　　）

② Wǒmen zài dàxué xuéxí sì nián.

   漢字_____　意味（　　　　　　　　　）

4. 日 译 中（日本語を中国語に訳しましょう。）
Rì yì Zhōng

① 私は試合に出られません。

   漢字_____

② 私は三日間滞在します。

   漢字_____

★ 数字は課数、発＝発音、说＝说说练练、欄＝欄外、语＝语法说明を表す。

A

a	啊	（感嘆を表す）〜だよ	9
ǎi	矮	背が低い	10
ài	爱	愛する	発
āi	哎	ねえ（注意を引くために用いる）	14
àihào	爱好	趣味	15 说
āiyā	哎呀	おやまあ	17

B

ba	吧	（軽い命令）〜しなさい	8
bàba	爸爸	お父さん	2
báisè	白色	白	8 说
bàn	半	半	3
bào	抱	抱く	21
bāo	包	①かばん	13 欄
		②包む	22 说
bāo jiǎozi	包饺子	餃子を作る	22 说
bēi	杯	（コップに入ったものを数える）杯	11・発
Běijīng	北京	北京	13 说
Běijīng kǎoyā	北京烤鸭	北京ダック	13 说
běn	本	〜冊	4 语
bǐ	比	〜より	10
biàndāng	便当	弁当	4 说
biānjiǎn	边检	出入国審査	7
biànlìdiàn	便利店	コンビニ	11 欄
bié	别	〜しないで	17
bǐjiào	比较	比較的	19
bīngqílín	冰淇淋	アイスクリーム	22 欄・说
bǐsài	比赛	試合	4 说
bízi	鼻子	鼻	12 欄
bù	不	〜ない	5 発
bú kèqi	不客气	どういたしまして	発・说
búcuò	不错	よい	18
bùdīng	布丁	プリン	22 欄
bútài	不太	あまり〜でない	16
bùxíng	不行	だめである	11 说

C

cài	菜	料理	10
cāi	猜	推測する、当てる	18
càidān	菜单	メニュー	6
cāiduì le	猜对了	推測が当たった	18
cānjiā	参加	参加する	20 说
cāntīng	餐厅	レストラン	14

cǎoméi	草莓	いちご	9 欄
cèsuǒ	厕所	トイレ	13
cháng	尝	味わう	5 说
cháng	长	長い	12 说
chàng	唱	歌う	15
Chángchéng	长城	万里の長城	発
chǎo	炒	炒める	20
chǎofàn	炒饭	チャーハン	6 说
chāoshì	超市	スーパーマーケット	14 说
chēzhàn	车站	駅	14 说
chī	吃	食べる	7 说・発
chī cù	吃醋	焼きもちを焼く	20 欄
chīfàn	吃饭	ご飯を食べる	3 欄
chǒngwù	宠物	ペット	10 欄
chōuyān	抽烟	タバコを吸う	17 発
chuān	穿	着る	18 练习 B
chuáng	床	ベッド	14 欄
chūnjià	春假	春休み	24 欄
Chūnjié	春节	春節	1 欄
chūqu	出去	出て行く、出かける	21
chúshī	厨师	コック	5 欄
cù	醋	お酢	20 欄
cuò	错	間違っている	18

D

dá	答	答える	18 说
dà	大	①大きい	9 说
		②年上である	10
dǎ bàngqiú	打棒球	野球をする	15 欄
dǎ diànhuà	打电话	電話をかける	17 说
dǎ májiàng	打麻将	マージャンをする	15 欄
dàgài	大概	たぶん	24
dǎgōng	打工	アルバイトをする	7
dài	带	連れる	16
dàishang	戴上	かぶる	8
dàjiā	大家	みんな	9
dàjiā hǎo	大家好	皆さんこんにちは	発・说
dāng	当	務める、従事する	24 说
dàngāo	蛋糕	ケーキ	7 说
dào	到	着く	19
dǎsǎo	打扫	掃除する	17
dǎsuan	打算	〜するつもりである	24
dàxué	大学	大学	2
dàxuéshēng	大学生	大学生	5
de	的	〜の	2
de	得	（様態補語に用いる）	23

pinyin	中文	日本語	課
děng	等	待つ	5
diǎn	点	(時間の単位)時	3
diànchē	电车	電車	16 说
diànhuà	电话	電話	5
diànnǎo	电脑	パソコン	2 欄
diànshì	电视	テレビ	4 说
diàntī	电梯	エレベーター	14
diànyǐng	电影	映画	4 欄
dìdi	弟弟	弟	2 说
Díshìní Lèyuán	迪士尼乐园	ディズニーランド	15
dìtiě	地铁	地下鉄	16 说
dìtú	地图	地図	13
Dōngjīng	东京	東京	9 说
dōngxi	东西	もの	4 欄
dōu	都	みな	19
dòushā	豆沙	こしあん	6
duǎn	短	短い	12 说
duì	对	正しい	4
duìbuqǐ	对不起	ごめんなさい	発·说
duō	多	多い	9 说
duō dà	多大	何歳ですか	2
duōshao	多少	いくつ	5
duōshao qián	多少钱	いくらですか	4

E

pinyin	中文	日本語	課
è	饿	空腹である	4 说·発
éi	欸	えっ	3
ěrduo	耳朵	耳	12 欄
érzi	儿子	息子	21 欄

F

pinyin	中文	日本語	課
Fǎguó	法国	フランス	7 欄
fàn	饭	ごはん	9
fán sǐle	烦死了	うざい	3 说
fàng	放	入れる	20
fāngbiàn	方便	便利である	9 说
fāngbiànmiàn	方便面	カップ麺	6 欄
fángjiān	房间	部屋	13 欄
fànliàng	饭量	食べる量	12
fēicháng	非常	非常に	12 练习A
fēijī	飞机	飛行機	16 欄
fēn	分	①(時間の単位)分	3 语
		②分(= 0.01元)	4 语
fěnhóngsè	粉红色	ピンク	8 说
fēnshǒu	分手	別れる	18 说
fùjìn	附近	付近	14 说
Fùshìshān	富士山	富士山	19 欄
fúwùyuán	服务员	店員	6

G

pinyin	中文	日本語	課
gālífàn	咖喱饭	カレーライス	12
gàn	干	やる	17
gānbēi	干杯	乾杯する	19
gāng	刚	たった今	19
gànhuó	干活	働く	3 说
gǎo	搞	やる	19 说
gāo	高	背が高い	10
gāotiě	高铁	中国の新幹線	16 欄
gāoxìng	高兴	嬉しい	9
ge	个	個	4 语
gēr	歌儿	歌	19 说
gēge	哥哥	兄	2 说
gěi	给	①〜のために、〜に	9
		②あげる	22 说
gēn	跟	〜と	23
gēshǒu	歌手	歌手	5 说
gèzi	个子	背丈	12 说
gōngjiāochē	公交车	バス	16 欄
gōngsī	公司	会社	2
gōngsī zhíyuán	公司职员	会社員	5 欄
gōngwùyuán	公务员	公務員	5 欄
gōngyuán	公园	公園	19
gōngzuò	工作	仕事	2
gǒu	狗	犬	10
gǒugou	狗狗	ワンちゃん	10
guǎi	拐	曲がる	16 说
guǎn	管	干渉する	17 说
guàng	逛	ぶらつく	4 欄
guì	贵	(値段が)高い	10 说
gùkè	顾客	客	8
guò	过	渡る	16 说
guo	过	(経験を表す)〜したことがある	20
guǒzhī	果汁	ジュース	6 说

H

pinyin	中文	日本語	課
hái	还	まだ	24
háishi	还是	それとも	7
háizi	孩子	子ども	21
hànbǎobāo	汉堡包	ハンバーガー	6 欄
hánjià	寒假	冬休み	24 欄
Hànyǔ	汉语	中国語	20 说
hào	号	日	1
hǎo	好	①すごく	9
		②(承諾の返事)いいですよ	11 说
		③よい、元気である	12 说
hǎochàng	好唱	歌いやすい	16

pinyin	中文	日本語	课
hǎochī	好吃	(食べ物が)おいしい	5说・10
hǎohē	好喝	(飲み物が)おいしい	11
hàomǎ	号码	番号	5
hǎoxué	好学	学びやすい	16
hǎoyòng	好用	使い勝手がよい	16
hǎozhǎo	好找	探しやすい	16
hé	和	～と	12
hē	喝	飲む	11
hēisè	黑色	黒	8说
hěn	很	とても	8
hóng	红	赤い	10说
hóngchá	红茶	紅茶	6说
hóngsè	红色	赤	8说
huà	画	描く	17
huángjīnzhōu	黄金周	ゴールデンウイーク	24欄
huángsè	黄色	黄色	8说
huàr	画儿	絵	発
huàzhuāng	化妆	化粧をする	17说
huì	会	～できる	22
huídá	回答	答える	19
huíjiā	回家	家に帰る	3欄
huílai	回来	帰って来る	21
huīsè	灰色	灰色	8说

J

pinyin	中文	日本語	课
jì	记	書き留める	5
jǐ	几	いくつ	1
jiā	家	家	7说
jiābān	加班	残業する	21
jiāli rén	家里人	家族	23 练习A・B
jiàn	件	枚	4语・发
jiān	肩	肩	9
jiǎnféi	减肥	ダイエットする	12
jiānglái	将来	将来	24说
jiàngyóu	酱油	醤油	20欄
jiào	叫	～と呼ぶ / ～させる	发・说 / 21
jiǎo	角	角(= 0.1 元)	4语
jiāotōng	交通	交通	9说
jiǎozi	饺子	餃子	6说・发
jiāyóu	加油	頑張れ	发欄
jīdàn	鸡蛋	卵	20
jiè	借	借りる	7
jiéhūn	结婚	結婚する	19 练习A
jiějie	姐姐	姉	2说
jièlai	借来	借りて来る	21
jìn	近	近い	16
jǐngchá	警察	警察	5
jīngjì	经济	経済	12
jìnlai	进来	入って来る	21说
jīnnián	今年	今年	10
jīntiān	今天	今日	1
jiǔ	酒	酒	11
juédìng	决定	決める	24
jūjiǔwū	居酒屋	居酒屋	11欄

K

pinyin	中文	日本語	课
kāfēi	咖啡	コーヒー	11说・发
kāfēitīng	咖啡厅	カフェ	14说
kāichē	开车	運転する	22
kāishǐ	开始	始まる	11
kāixīn	开心	嬉しい	发欄
kǎlāOK	卡拉OK	カラオケ	15
kàn	看	見る、読む	4
kǎoshì	考试	試験	10说
kǎoyā	烤鸭	ローストダック	13说
kǎwāyī	卡哇伊	「可愛い」の中国語当て字	9说
kè	课	授業	16说
kě	渴	のどが渇いている	4说
kě'ài	可爱	可愛い	9说
kělè	可乐	コーラ	6说・发
Kěndéjī	肯德基	ケンタッキー	13说
kōngjiě	空姐	女性のキャビンアテンダント	5说
kòngr	空儿	暇	15
kǒu	口	(家族を数える)人	14 练习A
kǒudài	口袋	ポケット	13欄
kū	哭	泣く	17欄
kuài	块	元	4
kuài	快	早く	3
kuàicāndiàn	快餐店	ファストフード店	11欄
kuān	宽	広い	23
kùn	困	眠い	3说

L

pinyin	中文	日本語	课
là	辣	辛い	20
lái	来	①来る ②(料理を注文するときのいい方)～を下さい	3说・发 / 11
láiwǎn le	来晚了	遅くなりました	19
làjiāo	辣椒	唐辛子	20
lāmiàn	拉面	ラーメン	13说
lánsè	蓝色	青	8说
lǎoshī	老师	先生	1
le	了	①～なった、～になる	2

		②(動作の完了を表す)		
		～した	19	
lèi	累	疲れる	3 说	
lěng	冷	寒い	3	
li	里	～の中	13	
lí	离	～から、～まで	19	
liàn'ài	恋爱	恋愛	発	
liǎng	两	2	4	
lián'ǒu	莲藕	れんこん	発	
liányīqún	连衣裙	ワンピース	8 欄	
liáotiānr	聊天儿	お喋りする	17 说	
lǐbianr	里边儿	中	13	
lìhai	厉害	すごい	22	
liúxué	留学	留学する	21	
lǐwù	礼物	プレゼント	22 说	
lóu	楼	～階	14	
liúxuéshēng	留学生	留学生	13	
lǜsè	绿色	緑	8 说	
lùshī	律师	弁護士	5 说	
lǚyóu	旅游	旅行する	7 说	

M

ma	吗	～か	4	
ma	嘛	～だもの、～ではないか		
			12	
mǎi	买	買う	4・発	
mǎi dōngxi	买东西	買い物をする	4 欄	
Màidāngláo	麦当劳	マクドナルド	13 说	
mǎlù	马路	大通り	16 说	
māma	妈妈	お母さん	2・発	
mǎmahūhū	马马虎虎	まずまずである	23 说	
máng	忙	忙しい	9	
mángguǒ	芒果	マンゴー	発	
mànhuà	漫画	漫画	8 说	
máo	毛	角(＝0.1元)	4 语	
māo	猫	猫	10 欄	
máoyī	毛衣	セーター	4 语・発	
màozi	帽子	帽子	8	
mápódòufu	麻婆豆腐	マーボー豆腐	11 说・発	
méi guānxi	没关系	かまいません	発・说	
méiguīhuā	玫瑰花	バラ	23 欄	
Měiguó	美国	アメリカ	7 欄	
méihuā	梅花	梅	23 欄	
méijiǔ	梅酒	梅酒	11	
mèimei	妹妹	妹	2 说	
měiróngyuàn	美容院	美容院	11 欄	
miànbāo	面包	パン	4 说	
miàntiáo	面条	麺類	6 说	
mǐfàn	米饭	白米のご飯	発	

míngbai	明白	分かる	7
míngtiān	明天	明日	1 说
míngzi	名字	名前	発・说

N

nà	那	①あれ	6 语
		②それでは	8
nǎ	哪	どれ	6 语
nàli	那里	あそこ	6 语
nǎli	哪里	どこ	6 语
nǎli nǎli	哪里 哪里	いえいえ	9 说
nàme	那么	あんなに	23
nán	难	難しい	10 说
nánde	男的	男	12
nánpéngyou	男朋友	ボーイフレンド	23
nàr	那儿	あそこ	6 语
nǎr	哪儿	どこ	6 语
ne	呢	①～は	11
		②(動詞の進行を表す)	17
nèibianr	那边儿	あちら	6 语
něibianr	哪边儿	どちら	6 语
nèige	那个	あれ、あの	6 语
něige	哪个	どれ、どの	6 语・8
néng	能	～できる	24
ńg	嗯	ええと(考えながら話すときに用いる)	2
ǹg	嗯	(肯定を表す)うん	8
nǐ	你	あなた	2・発・说
nǐ hǎo	你好	こんにちは	発
nián	年	年	1 语
nǐmen	你们	あなたたち	2 语
nín	您	あなた	2 语
niúnǎi	牛奶	牛乳	発
niúròufàn	牛肉饭	牛丼	6 欄
niúzǎikù	牛仔裤	Gパン	8 欄
nǚde	女的	女	12
nǚ'ér	女儿	娘	21 欄・発
nǚpéngyou	女朋友	ガールフレンド	23

P

pá	爬	登る	19 欄
páiduì	排队	並ぶ	7
pào	泡	浸かる	19 欄
pào wēnquán	泡温泉	温泉に入る	19 欄
pèng	碰	触る	17
péngyou	朋友	友達	2
piányi	便宜	(値段が)安い	10 说
piào	票	チケット	4
piàoliang	漂亮	美しい	18

pīnyīn	汉字	日本語	出典
píjiǔ	啤酒	ビール	11
píng	瓶	（瓶に入ったものを数える）瓶、本	11・発
píngguǒ	苹果	りんご	9欄
píngguǒpài	苹果派	アップルパイ	22欄

Q

qí	骑	（跨って）乗る	16欄
qǐ	起	起きる	23
qián	钱	お金	15说
qiánbāo	钱包	財布	2欄
Qiǎncǎosì	浅草寺	浅草寺	16
qiáng	墙	壁	13
qiǎokèlì	巧克力	チョコレート	7说
qǐchuáng	起床	起きる	3
qǐng duō guānzhào	请多关照	どうぞよろしく	発・说
qīngjiāoròusī	青椒肉丝	チンジャオロース	発
qíngrénjié	情人节	バレンタインデー	1欄
qīngsōng	轻松	楽である	16说
qǐngwèn	请问	（相手に尋ねる前の前置き）お尋ねします	13
qīzi	妻子	妻	21
qù	去	行く	3说・発
qúnzi	裙子	スカート	8欄

R

ràng	让	～させる	21
rè	热	暑い	3
rén	人	人	4语
rěn	忍	我慢する	13
rénkǒu	人口	人口	12
rénmínbì	人民币	人民元	4语
rènshēng	认生	人見知りする	10
Rìběnrén	日本人	日本人	7・発
rìyuán	日元	日本円	4
róngyì	容易	簡単である	10说
róu	揉	揉む	9

S

sān kè	三刻	45分	3语
sānmíngzhì	三明治	サンドイッチ	6欄
sèlā	色拉	サラダ	12
shāfā	沙发	ソファー	14欄
shang	上	①～の上	13
		②行く	13
shàng cèsuǒ	上厕所	トイレに行く	13
shàngbān	上班	出勤する、勤務する	3欄
shāngdiàn	商店	店	4欄
shàngkè	上课	授業を受ける	3欄
shànglai	上来	上がって来る	21说
Shàngyě	上野	上野	7说
shǎo	少	少ない	9说
shéi	谁	誰	2语
Shèngdànjié	圣诞节	クリスマス	1欄
shēnghuó	生活	生活	19练习A
shēngqì	生气	怒る	17欄
shēngrì	生日	誕生日	2
shénme	什么	なに、どんな	6・発・说
shēntǐ	身体	からだ	12说
shì	是	～である	5・発
shì	试	試す	8
shìhé	适合	似合う	8
shíjiān	时间	時間	15说
shìr	事儿	用事	15
shítáng	食堂	食堂	7
shǒujī	手机	携帯電話	2欄・発
shǒujīhào	手机号	携帯電話の番号	5
shòusī	寿司	寿司	11说
shū	书	本	4语
shuài	帅	かっこいい	9
shūbāo	书包	通学用かばん	14
shūfu	舒服	気持ちがよい	9
shuǐguǒ	水果	果物、フルーツ	7说
shuìjiào	睡觉	寝る	3说
shǔjià	暑假	夏休み	24欄
shūjià	书架	本棚	14欄
shuō	说	話す、言う	5
shuōhuà	说话	話をする	17说
sòng	送	贈る	22说
suān	酸	酸っぱい	20
suì	岁	歳	2

T

t xùshān	T恤衫	Tシャツ	8欄
tā	他	彼	2语
tā	她	彼女	2语
tā	它	それ	2语
tài le	太 了	とても～だ	15
tāmen	他们	彼ら	2语
tāmen	她们	彼女たち	2语
tāmen	它们	それら	2语
tán gāngqín	弹钢琴	ピアノを弾く	8说
tán liàn'ài	谈恋爱	恋愛する	18
táng	糖	砂糖	20欄
tǎoyàn	讨厌	いやなやつ	発欄
táozi	桃子	もも	9欄
tèbiézhǎn	特别展	特別展	4

tī zúqiú	踢足球	サッカーをする	8 说
tián	甜	甘い	20 说
tiān	天	〜日間	24
tiānlánsè	天蓝色	水色	8
tiánpǐn	甜品	スイーツ	20
tiānqì	天气	気候、天気	3
tīng	听	聴く	4 欄
tīngdǒng	听懂	聞き取れる	18 欄
tóngshì	同事	同僚	11
tóngxué	同学	同級生	12
tóufa	头发	髪の毛	12 说
tuǐ	腿	脚	12 欄
túshūguǎn	图书馆	図書館	7
tùzi	兔子	ウサギ	10 欄

W

wā	哇	わお	5 说
wàiguó	外国	外国	13
wàiguórén	外国人	外国人	12 说
wán	完	〜し終える	18
wǎn	晚	晚い	23
wǎn	碗	膳	発
wàng	忘	忘れる	19 说
wǎng	往	〜へ	16 说
wánr	玩儿	遊ぶ	15 说・発
wánr shǒujī	玩儿手机	携帯をいじる	17 说
wánr yóuxì	玩儿游戏	ゲームをする	15 说
wèi	位	（敬意を込めて人を数える）〜名	6
wèidao	味道	味	20
wèishénme	为什么	なぜ	18
wēnquán	温泉	温泉	19 欄
wèntí	问题	質問	15 说
wǒ	我	私	1・発
wǒmen	我们	私たち	2 语 発
wòshǒu	握手	握手する	10
wūlóngchá	乌龙茶	ウーロン茶	11 说・発

X

xián	咸	塩辛い	20 说
xiān	先	まず	11
xiǎng	想	〜したい	13
xiāngjiāo	香蕉	バナナ	9 欄
xiànzài	现在	今	3
xiào	笑	笑う	17 欄
xiǎo	小	小さい	9 说
xiǎo bǎobèi	小宝贝	（子どもに対する愛称）可愛い子、いい子	21
xiǎopéngyou	小朋友	（呼びかけに用いる）坊や、お嬢ちゃん	1
xiǎoshuō	小说	小説	21
xiàqu	下去	下りて行く	21 说
xièxie	谢谢	ありがとう	発
xīhóngshì	西红柿	トマト	20
xīhóngshìchǎojīdàn	西红柿炒鸡蛋	トマトと卵の炒めもの	20
xǐhuan	喜欢	好きである	8
xīngànxiàn	新干线	新幹線	16
xīngqī	星期	曜日	1
xīngqī jǐ	星期几	何曜日	1
xīngqī'èr	星期二	火曜日	1 语
xīngqīliù	星期六	土曜日	1 语
xīngqīrì	星期日	日曜日	1
xīngqīsān	星期三	水曜日	1
xīngqīsì	星期四	木曜日	1 语
xīngqitiān	星期天	日曜日	1 语
xīngqīwǔ	星期五	金曜日	1 语
xīngqīyī	星期一	月曜日	1 语
xìngyùn	幸运	ラッキーである	10 说
xīnkǔ le	辛苦了	おつかれさまでした	発・说
xīnqíng	心情	気分	18
xiōngdì jiěmèi	兄弟姐妹	兄弟	15 说
xióngmāo	熊猫	パンダ	7 说
xǐshǒujiān	洗手间	お手洗い	13
xiūxi	休息	休む	8
xǐzǎo	洗澡	シャワーを浴びる、風呂に入る	17 说
xué	学	学ぶ	16
xuéhuì	学会	マスターする	18 欄
xuésheng	学生	学生	2
xuéxí	学习	学ぶ	12
xuéxiào	学校	学校	2・発

Y

yán	盐	塩	20 欄
yǎnchànghuì	演唱会	ライブ	15 欄
yānhuo	烟火	花火	11 欄
yǎnjing	眼睛	目	12 说
yánsè	颜色	色	8 说
yào	要	欲しい	6
yào	药	薬	発
yàojìshī	药剂师	薬剤師	5 欄
yě	也	〜も	10
yéye	爷爷	おじいさん	発
yí kè	一刻	15分	3 语
yìbān	一般	普通である	10
Yìdàlì	意大利	イタリア	7 欄

yìdiǎnr	一点儿	少し	10
yīfu	衣服	衣服	10 说
yígòng	一共	全部で	4
yǐjīng	已经	すでに	3
yīnggē	鹦哥	インコ	10 欄
Yīngguó	英国	イギリス	7 欄
yīnghuā	樱花	桜	12 说
Yīngyǔ	英语	英語	発
yínháng	银行	銀行	14 说
yǐnliào	饮料	飲み物	4 说
yīnyuè	音乐	音楽	4 欄
yīshēng	医生	医者	5 说
yíxià	一下	ちょっと	5
yìzhí	一直	まっすぐに	16
yǐzi	椅子	椅子	14 欄
yō	哟	あら	21
yòng	用	使う	16
yǒu	有	①ある	13
		②持っている	15
yòu	右	右	16 说
yòu	又	また	17 说
yǒudiǎnr	有点儿	すこし	20
yóujú	邮局	郵便局	14 说・発
yóukè	游客	観光客	4
yǒumíng	有名	有名である	12 说
yòurén	诱人	人を魅了する	11
yóuxì	游戏	ゲーム	15 说
yóuyǒng	游泳	水泳をする	19 说
yú	鱼	魚	発
yuán	元	元	4 语
yuǎn	远	遠い	16
Yuándàn	元旦	元旦	1 欄
yuè	月	月	1
yuèpiào	月票	定期券	2 欄・15 语
yùjīnxiāng	郁金香	チューリップ	23 欄

Z

zài	在	①(行為の行われる場所を示す)〜で	7
		②〜にある、いる	14
		③〜しているところだ	17
zàijiàn	再见	さようなら	発
zàn	赞	いいね	発欄
zánmen	咱们	私たち	2 语
zǎo	早	早い	23
zāo le	糟了	しまった	3
zǎofàn	早饭	朝食	19 说
zěnme	怎么	どうやって	16
zěnmeyàng	怎么样	①(状況を尋ねる)いかがですか	9
		②(意向を尋ねる)いかがですか	15
zhāng	张	枚	4
zhàngfu	丈夫	夫	9
zhǎnlǎn	展览	展示、展覧	4
zhāopáicài	招牌菜	看板メニュー	6
zházhūpái	炸猪排	トンカツ	12
zhè	这	これ	6
zhèibianr	这边儿	こちら	6 语
zhèibianr qǐng	这边儿请	こちらへどうぞ	6
zhèige	这个	これ、この	6 语
zhèli	这里	ここ	6 语
zhème	这么	こんなに	23
zhēn	真	本当に	5 说
zhēn de	真的	本当である	3
zhèngzài	正在	ちょうど〜しているところだ	17
zhēnzhūnǎichá	珍珠奶茶	タピオカミルクティー	22 欄
zhèr	这儿	ここ	6 语
zhǐ	只	ただ〜だけ	12
zhīdao	知道	知っている	18 说
zhíyuán	职员	職員	7
zhǒng	种	種類	12
Zhōngguórén	中国人	中国人	7
zhōumò	周末	週末	15
zhù	住	泊まる	24
zhǔnbèi	准备	準備する	18
zhuōzi	桌子	机	13 欄
zhǔrén	主人	主人	10
zǐsè	紫色	紫	8 说
zìxíngchē	自行车	自転車	16 欄
zǒu	走	行く、歩く	11
zuǐ	嘴	口	12 欄
zuìjìn	最近	最近	9
zuǒ	左	左	16 说
zuò	做	作る	9
zuò	坐	乗る	14
zuò cài	做菜	料理を作る	15 欄
zuò jiāwù	做家务	家事をする	7 说
zuótiān	昨天	昨日	1 说

著者紹介

余　瀾
　　南京師範大学中国文学部卒業。
　　東京都立大学大学院修士課程修了。
　　大学非常勤講師。

中桐　典子
　　お茶の水女子大学中国文学科卒業。
　　同大学院修士課程修了。
　　大学非常勤講師。

表紙・本文デザイン・イラスト　　富田淳子

あなたが主役　演じる入門中国語

| 検印省略 | © 2019 年 1 月 31 日　初版発行
2024 年 1 月 31 日　第 2 刷発行 |

著　者　　　　　　　　　　　　　　余　瀾
　　　　　　　　　　　　　　　　　中桐典子

発行者　　　　　　　　　小　川　洋　一　郎
発行所　　　　　　　　株式会社　朝　日　出　版　社
　　　　　　〒 101-0065　東京都千代田区西神田 3-3-5
　　　　　　　　　電話(03)3239-0271・72(直通)
　　　　　　　　振替口座　東京　00140-2-46008
　　　　　　　　　　http://www.asahipress.com/
　　　　　　　　　　　　　　　　　　倉敷印刷

乱丁・落丁本はお取り替えいたします
本書の一部あるいは全部を無断で複写複製（撮影・デジタル化を含む）及び転載することは、法律上で認められた場合を除き、禁じられています。
ISBN978-4-255-45317-0 C1087